SCHWESTER MARCELLINA NICKL

Die Welt für Gott erobern

Das Leben der Seligen Pauline Marie Jaricot

Be&Be

SCHWESTER MARCELLINA NICKL

Die Welt für Gott erobern

Das Leben der Seligen Pauline Marie Jaricot

Be+Be-Verlag: Heiligenkreuz 2024
ISBN 978-3-903602-73-1

Redaktionelle Bearbeitung: Dr. Gabriela Wozniak

Lektorat: Dr. Anneliese Paul (†)

Bildnachweis: Cover vorne: Missio Österreich (Simon Kupferschmied);
Cover hinten: Missio Österreich (Pater Karl Wallner; Simon Kupferschmied);
Missio Österreich, Missio Frankreich, Missio Polonia, Pater Karl Wallner,
Sr. Renate Hämmerle, Anne Fleck, AKG-Images, wikipedia, picturedesk,
Agenzia Fides

Layout: Augsten Grafik, www.augsten.at

www.bebeverlag.at

Direkter Vertrieb:
Be+Be-Verlag Heiligenkreuz
A-2532 Heiligenkreuz im Wienerwald
Tel. +43-2258-8703-400
www.klosterladen-heiligenkreuz.at
E-Mail: bestellung@klosterladen-heiligenkreuz.at
www.missio.at/shop
E-Mail: missio@missio.at

SCHWESTER MARCELLINA NICKL

Die Welt für Gott erobern

Das Leben der Seligen Pauline Marie Jaricot

Be+Be

Inhaltsverzeichnis

VORWORT

Unsere Welt wird von vielen Dämonen geplagt, denn wir stolpern von einer Krise in die nächste. Und ein Dämon hat sich auch auf die Christenheit gestürzt. Er trägt den Namen „Entmutigung“! Kein Wunder, die Kirche in Europa schrumpft dramatisch schnell, die Christlichkeit verdunstet, die Kirche wird zu einer Marginalie. „Es macht derzeit keinen Spaß, katholisch zu sein“, sagen selbst treue Kirchgänger und fühlen sich wie „das letzte Aufgebot“. Da nützt es auch wenig, dass Papst Franziskus fast alle seine Schreiben mit motivierenden Begriffen wie „Gaudium“ (helle Freude) und „Laetitia“ (besonnene Freude) und Ähnlichem beginnen lässt.

Wenn sie auch vom Dämon „Entmutigung“ geplagt sind, dann kann ich Ihnen dieses Büchlein herzlich empfehlen. Die Frau, die hier vorgestellt wird, lebte in einer Zeit der totalen Resignation, wo der Untergang der Kirche in Frankreich besiegelt zu sein schien. Genau in dieser Situation hat sie 1822 im Alter von 23 Jahren einfach das getan, was ihr als junger Frau, die sich wenige Jahre zuvor in Jesus verliebt hatte, in den Sinn gekommen war. Sie hat getan, was sie konnte. Aus ihrer Idee und ihrem unermüdlichen Wirken ist etwas hervorgegangen, das heute die „Päpstlichen Missionswerke“ sind, die in 130 Ländern weltweit wirken, seit 1922 unter der Oberhoheit des Papstes selbst. Das Vorbild von Pauline Marie Jaricot, die 2022 in Lyon seliggesprochen wurde, ist ein wirksamer Exorzismus gegen den Dämon der Entmutigung.

Pauline Marie Jaricot war nicht Priester, sie war nicht Ordensfrau, sie war „einfach“ getauft und gefirmt. Also das Höchste, was man als Christ sein kann: denn Taufe und Firmung sind die fundamentalste Berufung, die es für einen Menschen gibt, alles andere – auch das sakramentale Priestertum – dient nur der Heiligung der Getauften, die wir auch „Laien“ nennen. Pauline war also eine

Laiin, die zunächst zwar gläubig, aber sehr mondän in Lyon aufgewachsen ist. Im Jahre 1816, sie ist 17 Jahre alt, erfährt sie eine tiefe Bekehrung, weil ein Priester sehr scharf und kritisch gegenüber dem Zeitgeist und der Weltanpassung der Christen gepredigt hatte. Pauline durchlebt eine neue Orientierung, sie verliebt sich in Jesus und schenkt ihm ihr Leben. Sie geht soweit, dass sie Jesus zu ihrem Bräutigam erwählt.

Als ihr Bruder Philéas werden und nach China gehen will, hat sie 1822 eine Idee: Sie erfindet ein System, wo jeder täglich ein Gesätzchen Rosenkranz für die Mission betet und wöchentlich einen Sous spendet. Und: Jeder muss 10 Weitere „werben". Das ist der Ursprung der Päpstlichen Missionswerke vor 200 Jahren, 1822, durch die selige Pauline Marie Jaricot. Das Ganze wächst sehr rasch sehr stark an und begeistert die Franzosen für die Weltmission. Als Pauline am 9. Jänner 1862 stirbt, beten und spenden 2,4 Millionen Franzosen für die Weltmission. Natürlich geht das nicht automatisch, Pauline hat eine gigantische Organisation aufgebaut, sie steht mit Missionarinnen und Missionaren weltweit in Verbindung und tut das, woran die Machthaber der Welt nicht interessiert sind: Sie informiert über die ungerechten Zustände in den neu entdeckten Ländern des Südens, sie verbreitet Berichte aus den Missionen und macht auf die Not der Menschen aufmerksam. Die europäischen Christen entdecken plötzlich selbst, welchen Wert ihr Glaube, welche Bedeutung das Christentum hat und sie beginnen es ernster zu nehmen. Mission erweist sich als hervorragende Therapie gegen die eigene Glaubensmüdigkeit und Resignation!

Im Jahre 1922 sagt der weitsichtige Organisationpapst Pius XI.: Es ist schade, dass es Paulines Werk nur in Frankreich gibt. Er erhebt das französische „Werk der Glaubensverbreitung" in den Rang eines „päpstlichen" Werkes und globalisiert es gleichsam durch seine Autorität. Fortan gibt es die „Päpstlichen Missionswerke" in jedem Land der Welt, wo die Kirche einigermaßen Freiheit hat.

Das Anliegen dieses Buches ist, dass Sie sich mit Pauline beschäftigen. Papstschreiben, Bischofsansprachen und selbst synodal erarbeitete Strategietexte verfehlen heute leider oft ihre Wirkung, weil ihnen das „Konkrete" fehlt, das was man „anschauen" und „nachahmen" kann. Wir brauchen Vorbilder. Menschen wie die selige Pauline Marie Jaricot, die eine Laiin war, die eine Frau war, die kränklich war, die am Schluss völlig verarmt gestorben war, zeigen uns: Es geht! Du kannst etwas verändern. Jeder kann es! Sonst bleiben wir in dieser tödlichen Lähmung stecken, die sich in schönen Optativen tarnt: „Man müsste, man könnte, man sollte ..." Mit dem „man" meint man uneingestandener Weise meistens nur die Anderen: den Papst, die Bischöfe, den Pfarrer, die Pastoralassistentin, den Diakon, die Religionslehrerin, den Pfarrgemeinderat ..." Die sollen was tun.

Mit solchen Optativen verändert man gar nichts, sie machen die Frustration über den Niedergang und die Unfruchtbarkeit, die wir derzeit bei uns erleben, nur noch größer! Pauline war eine Laiin, sie war noch dazu kränklich. Aber sie war nie frustriert. Sie hat sich nie als „Opfer" gefühlt, wie wir das heute gerne tun. (Denn wir wissen ja, was „man" tun müsste ... aber man tut es eben nicht.) Diesen dämonischen Zirkel der Selbstlähmung hat die selige Pauline durchbrochen. Auf ganz einfache Art: Sie tat einfach selbst, was sie konnte. Sie gründete als junge Frau einfach eine kleine Gebetsbewegung, sie startete so, wie sie konnte, eine kleine Sensibilisierung für die Weltmission ... Und Wow! Was ist daraus geworden!

Ich durfte bei der Seligsprechung von Pauline mit meinen 130 Kollegen, den Nationaldirektoren aus allen Ländern der Welt, dabei sein. Den 22. Mai 2022 werde ich nie vergessen. In der Kirche

Saint Nizier knieten viele Nationaldirektoren aus Afrika und Asien und Südamerika auf der Grabplatte von Pauline Jaricot nieder und beteten inbrünstig: Father Jovitus von Tansania flüsterte mir dann mit feuchten Augen ins Ohr: „Pater Karl, ohne diese Frau wären wir heute nicht Christen."

Pauline Marie Jaricot konnte seliggesprochen werden, weil sie ein Wunder gewirkt hatte. Das 3-jährige Kind Mayline Tran war 2012 wider jede medizinische Prognose aus dem Koma erwacht. Faktisch eine Totenerweckung. Mayline durfte ich bei der Seligsprechung als fröhliches 13-jähriges Mädchen, bildhübsch auch noch dazu, kennenlernen. Die Familie Tran war zum Zeitpunkt der Heilung nicht praktizierend, Maylines Vater war nicht einmal getauft. Der Vater Emmanuel Tran ist eigentlich auch ein Wunder: denn seine Bekehrung ist so vollständig und rein: Er empfing nach der Erweckung Maylines nicht einfach so die Taufe, sondern gibt jetzt die schönsten Zeugnisse über den Glauben, über das Wirken Gottes. Uns Entmutigten tut es auch gut zu sehen, dass Gott alles kann: Leiblich und geistig von den Toten erwecken, denn Gott ist eine Wirklichkeit.

Ich bitte Sie, dieses Buch gut zu lesen. Pauline kennenzulernen, kann Sie verändern! Wir brauchen den Geist der seligen Pauline Marie Jaricot auch heute, weil wir auch eine Zeit für die Kirche erleben, die depressiv machen könnte. Wir sind in einer radikalen Transformation, ja, Frustration. Es gibt in Österreich nur mehr 55 Prozent Katholiken, in Wien gar nur mehr 611.000, das sind 31 Prozent. In England und Deutschland ist schon weniger als die Hälfte der Bevölkerung ohne Taufe ... Die selige Pauline kann uns helfen, dass wir wegkommen von der depressiven Stimmung des „Nicht mehr" zu einer frischen, mutigen, unverzagten, leidensbereiten und einsatzfreudigen Mentalität des „Noch nicht". Wir sollten nicht fragen: „Was geht nicht mehr?", sondern: „Was machen wir noch nicht, was könnten wir noch tun …?“ Jeder kann missionarisch sein. Jeder wird Möglichkeiten finden: Die Kinder zur Kindermesse bringen, aus der Kinderbibel vorlesen, mit den Enkelkindern beten, Missio-Friend in der Pfarre werden, einen Gebetskreis gründen, mit einer wöchentlichen Eucharistischen Anbetung anfangen, den Pfarrer fragen, wo er Hilfe braucht – oder zumindest, wie Pauline das im Lebendigen Rosenkranz propagiert hat, täglich ein Gesätzchen vom Rosenkranz beten. Schluss mit der Entmutigung!

Wir brauchen den Eifer und die erfinderische Mentalität der seligen Pauline Marie Jaricot, denn alle Menschen sollen davon erfahren, dass Gott sie liebt. Auch hier in Österreich, in Deutschland, in der Schweiz – und überall. Möge die selige Pauline Marie Jaricot unser Vorbild und unsere Fürsprecherin sein, dass wir die Dämonen der binnenkirchlichen Frustration besiegen.

Selige Pauline Marie Jaricot, bitte für uns!

Prof. Pater Dr. Karl Wallner

Nationaldirektor der Päpstlichen Missionswerke in Österreich

EINLEITUNG

Die Geschichte der Pauline Jaricot, die mit ihren Ideen das Antlitz der Kirche und der Welt verändern sollte, beginnt vor ihrer Geburt in den dunklen Folgen der Französischen Revolution (1789). Eine der hässlichsten Begleiterscheinungen dieses Aufschreis des französischen Volkes nach Freiheit, Gleichheit und Brüderlichkeit, war der Hass, der sich gegen die katholische Kirche in Frankreich auf brutale Weise entlud. Der christliche Glaube, der über Jahrhunderte Leben und Kultur geprägt hatte, war plötzlich zum Feindbild geworden. Oder besser gesagt: Die institutionelle Form einer universalen, übernationalen Glaubensgemeinschaft, wie es die katholische Kirche ihrem Wesen nach ist, sollte auf einmal bekämpft und besiegt werden. Wenn man schon das Christentum nicht vollständig ausrotten konnte, so wollte man doch eine spezielle Nationalkirche schaffen, die losgelöst von Rom, ohne Bindung an das Petrusamt des Papstes allein für das Interesse des Landes dastehen sollte. Die katholischen Orden wurden aufgehoben, über 46 der 139 Diözesen aufgelöst, die Güter der Kirche konfisziert und die Pfarrer zu staatskonformen Staatsangestellten erklärt.

Alle Bischöfe und Priester sollten daher seit 1790 einen Eid auf die Zivilkonstitution ablegen. Zwei Drittel der Priester – etwa 15.000 – lehnten ab und verweigerten den Eid. Sie wurden mit Kerker bedroht, vollständig entrechtet, ihre Gottesdienste wurden verboten und, wo man ihrer habhaft wurde, wurden sie des Landes verwiesen. Im Juli 1792 kam es zu ersten Einkerkerungen und Ermordungen, im September wurden dann an die 1.400 Priester, Ordensbrüder und Nonnen umgebracht. Viele blieben aber dennoch treu und wirkten im Untergrund weiter, auch als unter der Schreckensherrschaft von Robespierre (1794) der Atheismus als Staatsreligion ausgerufen wurde.

Die Französische Revolution (1789 – 1799): Eine der hässlichsten Begleiterscheinungen dieses Aufschreis des französischen Volkes nach Freiheit, Gleichheit und Brüderlichkeit, war der Hass, der sich gegen die katholische Kirche in Frankreich auf brutale Weise entlud.

Die Situation entspannte sich zwar nach der Ermordung dieses Diktators, aber die eidverweigernden Priester wurden weiterhin verfolgt. Mehr als 1.000 wurden in die Tropenkolonie Guyana in den sicheren Tod exportiert; viele von den Gläubigen versteckt, sodass sie im Untergrund weiterhin die Sakramente empfangen konnten. Es ist ein unergründliches Wunder der Gnade Gottes, dass Gott immer wieder aus Zerstörung Licht und Leben hervorbringen kann. Denn im Jahr 1799, als die Kirche Frankreichs ausgeblutet, gespalten, verarmt darniederliegt, als weite Teile Frankreichs weitgehend entchristlicht sind, genau in diesem Jahr wird Pauline Marie Jaricot geboren. Durch Pauline wird die katholische Kirche Frankreichs, ja ganz Europas zur Weltmission animiert und sich in eine Weltkirche verwandeln.

Die Welt steht im Chaos, das Gebet wird aufgrund der allgegenwärtigen Propaganda der Bevölkerung entzogen, der Klerus ist gespalten und die Kirche scheint nach menschlichen Maßstäben am Ende zu sein ... Inmitten dieser schweren Zeit kämpfte sich eine junge, christliche Familie durch – eine Familie, die wohl ein großes Mitglied hervorbringen sollte. Die Familie hieß Jaricot.

SCHWIERIGE ANFÄNGE

Die Eltern der Seligen Pauline Marie Jaricot – Vater Antoine und Mutter Jeanne – kannten bereits zum Zeitpunkt ihrer Geburt beinahe alle Umstände des Lebens: Armut und Reichtum, Verfolgung und Wohlstand zogen abwechselnd durch ihre gemeinsame Lebensgeschichte.

Als sie geheiratet hatten, war nicht abzusehen gewesen, dass Antoine Jaricot einmal einer der reichsten Männer von Lyon werden sollte. Den Heiratsantrag machte Antoine seiner Verlobten Jeanne Lattier noch mittellos: „Was ist mir am Geld gelegen? Wenn du mich heiratest, werde ich genug verdienen, um für dich als meine Frau und für unsere Kinder zu sorgen!". Jeanne kam ebenfalls aus einfachen Verhältnissen, sie war mittellos, aber sehr fromm. Antoine und Jeanne heirateten am 9. April 1782 – und das Versprechen, das Antoine seiner Frau beim Heiratsantrag gab, ist in Erfüllung gegangen.

Jeanne geb. Lattier und Antoine Jaricot, Eltern der Seligen Pauline Jaricot

Antoine stammte aus einer kinderreichen Familie und hatte dreizehn Geschwister, von denen nur eines jünger war als er. Die Familie wohnte in Soucieu-en-Jarrest, einige Kilometer südwestlich von Lyon und bewirtschaftete einige Felder und Weinberge. Als der Vater der Familie verstarb, war Antoine erst 14 Jahre alt. Seitdem musste er sich selbst durchs Leben schlagen. Er begann eine Kaufmannslehre in Lyon und setzte dabei nicht nur auf seinen Eifer, sondern auch auf Gottes Hilfe. Bis in die späte Nacht lernte und studierte er, vor dem Schlafengehen betete er mit Inbrunst und besuchte dann täglich morgens um vier Uhr die Heilige Messe in einem benachbarten Kloster. Gebet und Arbeit – mit anderen Worten: Vertrauen auf Gott und eigene Anstrengung – sind immer ein Weg zum Erfolg. Nach mehreren Jahren konnte Antoine Jaricot einen eigenen Handel mit Seide, die damals ein beliebter und teurer Modestoff war, aufmachen. Die Anfänge waren bescheiden, doch Gott gab ihm ganz offensichtlich seinen Segen. Seidenfabrikation und Seidenhandel liefen so gut, sodass Antoine sehr rasch zu Vermögen kam. Er wird es christlich einsetzen: Von Anfang an unterstützte er seine vielen Geschwister genauso wie die Bedürftigen.

In den Schreckensjahren der Französischen Revolution gab es natürlich auch für die junge Familie Jaricot viele gefährliche und angstvolle Stunden. So schließt sich Antoine im April 1793 den königstreuen Royalisten an, um Lyon gegen die republikanischen Truppen zu verteidigen. 60 Tage lang dauert die Belagerung – und bereits hier wirkt Gott die ersten Wunder im Leben der Familie Jaricot. Denn als die Republikaner die Stadt eroberten, war Antoine Jaricot dienstlich unterwegs. Wäre er damals in der Stadt gewesen, wäre ihm die Guillotine sicher gewesen! Auch seine Frau Jeanne konnte erfolgreich die Stadt verlassen. Mit drei kleinen Kindern und hochschwanger flüchtet sie in ein benachbartes Dorf. Dort wird am 5. Oktober 1793 ein älterer Bruder von Pauline, Narcisse geboren. Nach vielen Umzügen und Schreckstunden dürfen die

Jaricots 1796 wieder nach Lyon zurückkehren. Wie durch ein Wunder findet Antoine seine Werkstätten und sein Geschäftslokal intakt vor. Sofort greift der Geschäftsmann tief in seine Kasse. Er unterstützt die Priester im Untergrund und hilft großzügig, die zerstörten Kirchen wieder aufzubauen.

EIN GESEGNETES KIND

Antoine Jaricot fühlt sich in der Kirche zuhause – und er erfährt auch den daraus kommenden Segen. So erging ihm beispielsweise, als er am Tag der Geburt von Pauline, dem 22. Juli 1799, auf einmal vor seiner Tür einen flüchtenden Priester in der Verkleidung eines Arbeiters sah. Vorsichtig öffnete Antoine die Tür und flüsterte erleichtert: „Willkommen, kommen sie herein!" Und kurze Zeit später floss Wasser über ein kleines neugeborenes Mädchen und ertönen die uralten Worte, durch die ein Menschenkind zu einem Gotteskind wird: „Ego te baptizo! Ich taufe dich im Namen des Vaters und des Sohnes und des Heiligen Geistes! Amen!"[1]. Die Jaricots waren treue und gläubige Katholiken und hatten für die Taufe eigens einen Priester gesucht, der glaubenstreu geblieben war und den Eid auf die Konstitution verweigert hatte. Solche „Eidverweigerer" lebten damals überall noch im Untergrund.

Pauline Marie war das siebte Kind der Familie Jaricot. Paul, der Älteste, war bereits fast sechzehn Jahre, Sophie neun, Marie-Laurence (auch Laurette genannt) noch keine sieben Jahre alt, Narcisse zählte erst fünfeinhalb Jahre und der jüngste Bruder Philéas gerade mal zwei.[2] Philéas war auch derjenige, mit dem Pauline lebenslang eine Herzensbeziehung führte. Aber auch Antoine und Jeanne Jaricot schenkten ihrer Pauline, dem „Nesthäkchen", alle Liebe. Sie legten ihrem Töchterchen von Anfang an einen tiefen Glauben ins Herz.

1 Georges Naidenoff schreibt in einer Fußnote: „Nach dem neu eingeführten Zivilstand wurde sie am 21. um 22 Uhr geboren." In manchen Büchern findet sich aufgrund des französischen Revolutionskalenders der 21. Juli 1799 als Geburtsdatum. Siehe dazu: Naidenoff Georges, Pauline Jaricot. J'étais si vivante de ma proper vie, Paris 1986.

2 Ein weiterer Bruder, Jean Marie, der zweitgeborene Sohn, war schon 1791 im Alter von fünf Jahren verstorben.

Kleine Pauline m t ihrer Schwester Sophie

Die heranwachsende Pauline lernte schnell. Als sie sah, dass die Mutter immer etwas für die Armen und Kranken übrig hatte, äußerte die Kleine den Wunsch: „Mama, ich hätte gerne einen ‚Goldbrunnen', um jedem Elend abzuhelfen, damit es keine Notleidenden mehr geben und damit niemand mehr weinen muss." Tief gerührt antwortete die Mutter: „Sicher, mein Kind! Wie glücklich wären wir, wenn wir allen Bedürftigen uneingeschränkt etwas geben könnten. Doch selbst dann würde es uns nicht gelingen, alle Tränen zu trocknen. Es gibt ja auch Tränen, die kein Gold zurückdrängen kann. Aber tröste dich nur: wenn du den lieben Gott liebst, so wirst du in deiner Seele Reichtum genug finden, um die Schmerzen der anderen zu lindern." Gespannt hörte Pauline zu. Nun schmiegte sie sich an die Mutter mit den Worten: „Mama, bete bitte, dass ich den lieben Gott liebhabe, damit ich alle Unglücklichen trösten kann."

Pauline ging mit offenen Augen durch das Leben – und das seit ihrer frühesten Kindheit. Dieser Charakterzug zusammen mit ihrer Willensstärke stoßen auf die mächtige Gnade Gottes ... Sie ist aber auch ein aufgewecktes Mädchen, immer munter und fröhlich. Sie hat aber auch einen Hang dazu, ihren Willen rechthaberisch durchzusetzen. Ihr kleinerer Bruder Philéas ist ganz ähnlich veranlagt, sodass es zwischen den beiden oft zu lautstarken Streitereien kommt. Sie sind auch mit einer reichen Phantasie begabt und lieben es, gemeinsam Pläne zu schmieden und sich Träumereien hinzugeben. „Weißt du, Pauline, ich werde einmal als Apostel und Missionar nach China gehen. Mama sagt ja: Das Blut der Märtyrer ist der Same für neue Christen." „Ich gehe mit dir!", ruft Pauline. „Ich werde die Kranken pflegen und in den Kapellen die Blumen gießen ...!" „Nein, das kommt nicht in Frage. Das ist zu gefährlich! Du bist eine Frau! Du weißt ja nicht, wie man auf einem Pferd oder gar einem Kamel reitet. Denk an die Tiger und die Krokodile! Aber du kannst für mich beten. Und du kannst mit einem Rechen einen Goldhaufen sammeln und es mir in Fässern schicken!" – so phantasieren die kleinen Kinder.

Am 2. Dezember 1804 fand die Kaiserkrönung Napoleons I. in der Kathedrale Notre Dame in Paris statt. Zu diesem Zeitpunkt war Pauline fünf Jahre alt. Um der Zeremonie einen sakralen Charakter zu geben, zwang der Kaiser den Papst dazu, nach Paris zu kommen und bei der Krönung anwesend zu sein. Papst Pius VII. gibt dem Drängen nach und willigt ein, an der Krönungsfeier teilzunehmen – er erhofft dadurch zumindest eine Beruhigung der Situation. Auf seiner Reise nach Paris, macht der Papst Zwischenstation in Lyon. Dort erlebt die Familie Jaricot den Pontifex zum ersten Mal aus der Nähe. Wie groß war die Überraschung, als sich herausstellte, dass der Papst vier Monate später, im April 1805 nochmals nach Lyon zurückkehrte, um eine profanierte Kapelle wieder einzuweihen.[3] Von der Höhe des Fourvière-Hügels segnet der Heilige Vater die Stadt und ihre Bewohner.[4] Die Jaricots hatten sich unter das viele Volk gemischt, das dem Papst zujubelte. Es gelingt ihnen sogar, einen Platz in der ersten Reihe zu ergattern. Und welche Freude: Der Heilige Vater legt seine Hand auf den Kopf von Philéas und Pauline und segnet sie.

Dieses und viele andere gemeinsamen Ereignisse schweißen Pauline und Philéas sehr zusammen. Deshalb ist sie unendlich traurig, als Philéas am 5. Oktober 1805 nach Belley geschickt wird, um bei den Jesuiten die Schule zu besuchen. Fortan können die beiden nur

---

3 Es handelt sich um die Kapelle von „Unserer Lieben Frau", die 1793 geschlossen und profaniert wurde. Profaniert heißt „entweiht", dem ursprünglichen Zweck des Kultes entzogen.

4 Lyon liegt am Zusammenfluss von Saône und Rhone. Über der Saône im Westen erhebt sich der Hügel Fourvière und dominiert das Stadtbild. Schon in der Zeit der römischen Antike war dort das Zentrum der Stadt, die den Namen Lugdunum trug. Auf den Ruinen des alten Forums wurde 1168 die erste Marienkapelle errichtet. Heute befindet sich dort die eindrucksvolle Basilika Notre-Dame de Fourvière, die aber erst nach dem Tod von Pauline Jaricot ab 1872 erbaut und 1896 eingeweiht wurde.

noch in den Ferien die Zeit gemeinsam verbringen. Pauline selbst kommt im Alter von 10 Jahren in das Pensionat von Mademoiselle Bissuel, einer renommierten Einrichtung, auf dem Fourvière-Hügel. Dort wird sie auch auf die heilige Kommunion vorbereitet, die sie am 16. April 1812 zusammen mit dem Sakrament der Firmung, wie es damals üblich war, empfangen durfte. Am Abend ihres Erstkommuniontages verspricht Pauline, dem Heiland treu zu bleiben. Und sollte sie untreu werden, dann möge das Glas des Bildes zerbrechen, das sie als Erinnerung an ihre Erstkommunion geschenkt bekommen hatte.[5] Die 13-Jährige hat bereits realisiert, dass in ihrer Seele der Kampf zwischen Natur und Gnade begonnen hat. Sie hat eine Veranlagung zur Eitelkeit, versucht die Aufmerksamkeit anderer auf sich zu ziehen, bei anderen gut anzukommen und anderen zu gefallen.

Nach insgesamt drei Jahren im Pensionat kehrt Pauline in den Sommerferien 1812 in ihre Familie zurück und sofort ist sie wieder der Liebling aller. Freilich hat sich das Haus Jaricot verändert. Die älteren Schwestern sind schon ausgezogen. Sophie hat 1807 den wohlhabenden Seidenfabrikanten Herrn Zacharie Perrin geheiratet und ist Mitinhaberin der Firma Perrin & Jaricot; sie wohnt aber weiterhin in der Stadt. Hingegen ist Marie-Laurence in das 70 Kilometer entfernte Saint-Vallier entschwunden, wo sie mit dem Seidenfabrikanten Victor Chartron verheiratet ist.

Gerne hält sich Pauline bei ihren Schwestern auf, oder auch in Tassin, wo sie sich an der herrlichen Natur erfreut. Weil das Geschäft so gut lief und sich die finanziellen Mittel laufend vermehrten, investierte Vater Antoine in Liegenschaften, so kaufte er zum Beispiel Landgüter in Tassin und später in Collonges.

---

5 Vgl. PAULINE JARICOT, Historie de ma vie, Autobiograhie spirituelle, Paris 2009, S. 23

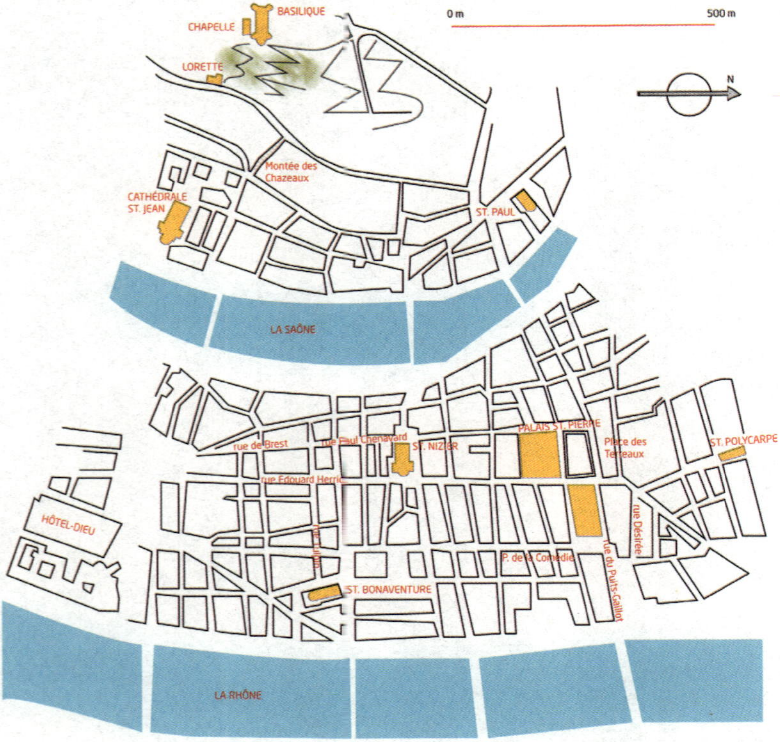

Die Gegend von Lyon im 19. Jahrhundert

Am 2. Dezember 1804 fand die Kaiserkrönung Napoleons I.
in der Kathedrale Notre Dame in Paris statt.

JUNG UND HÜBSCH

Pauline ist eine hübsche junge, aber auch etwas eitle Dame. Ein Teenager aus reichem Haus. Lang und gerne steht sie vor dem Spiegel, um sich zu schminken. Sie liebt Festlichkeiten! Gerne erscheint sie auch auf den Bällen, die man in der Friedenszeit nach den Revolutionswirren gerne gibt, in Kleidern aus den feinsten Stoffen und mit den modernsten Schnitten. Vater Antoine Jaricot ist es seinem gesellschaftlichen Rang als reicher Seidenhändler und Seidenfabrikant schuldig, in seinem stattlichen Haus Gäste zu empfangen und glänzende Feste zu veranstalten. Natürlich ist er stolz auf seine hübsche jüngste Tochter. Und Pauline liebt es, wenn sie die bewundernden Blicke auf sich zieht und Mittelpunkt der ausgelassenen Gesellschaft ist.

Pauline wurden sogar aufgrund ihrer Schönheit besondere Ehren zuteil: Als Marie Thérèse Charlotte, die Tochter König Ludwigs XVI. und nunmehrige Herzogin von Angoulême im August 1814 nach Lyon kommt, werden fünfzig junge Mädchen ausgewählt, die den hohen Gast begleiten dürfen. Eine davon ist Pauline, die sich dafür extra herausputzt: Ihr Kleid ist eine Sensation, über und über mit Blumen verziert, ihr Haar ist entsprechend aufgesteckt, ihr Gesicht geschminkt. Beim Ball für den königlichen Gast im Saal Sankt Peter wird Pauline von allen Seiten bewundert. Und alle Welt glaubt, dass die junge Tochter des Seidenhändlers Jaricot glücklich ist.

Doch im Herzen von Pauline hat sich damals bereits eine Stimme gemeldet, die ihr zuflüstert: „So wirst du nicht glücklich. Lass die Welt!“ Diese Stimme ist noch zart und leise. Bald gibt ihr Jesus noch eine deutlichere Warnung: Das Erinnerungsbild an den Erstkommuniontag entgleitet ihr aus der Hand, fällt auf die Fliesen

Pauline ist eine junge, hübsche und reiche Dame, die gerne von anderen bewundert wird.

und das Glas zerbricht.[6] Das gibt ihr zwar zu denken, doch die Verlockung nach Zerstreuung, nach Tanzvergnügen und lockerer Geselligkeit gewinnt noch die Oberhand.

Das Leben dieser jungen Frau hätte sehr normal, ja banal verlaufen können, wie das Leben unzähliger anderer in dieser Zeit der gesellschaftlichen Konsolidierung und des Aufstiegs des Bürgertums nach den blutigen Jahren der Revolution. Was der heilige Augustinus in seinen Bekenntnissen im 27. Kapitel schreibt, das gilt um 1814 auch für Pauline: „Und siehe, du warst im Innern, und ich war draußen und suchte dich dort ... Mit mir warst du und ich war nicht mit dir."

Doch da ereignet sich Anfang Oktober 1814 etwas, das das Leben Paulines schlagartig verändert: ein Unfall. Pauline steigt bei Haushaltsarbeiten auf einen Hocker, verliert das Gleichgewicht und stürzt. Sie hat sich zwar nichts gebrochen, doch sie empfindet unbeschreibliche Schmerzen im Kopf. Nichts hilft. Der Arzt entschließt sich zu einem Aderlass, doch dieser verschlimmert nur alles. Die Mutter muss hilflos zusehen, wie die Glieder ihrer Tochter unkontrolliert zucken. Paulines Blick ist wirr, sie hat Schwierigkeiten beim Sprechen. Noch mehr betrübt die Mutter, dass Pauline in ihrem eitlen Stolz ihre Schmerzen nicht eingesteht, sondern sich verstellen möchte: Immer wieder presst sie ein „Ich habe gar nichts!" hervor. Dabei verzerren Zuckungen ihr Gesicht so sehr, dass man eine Nervenkrankheit vermuten muss. Was kann Erleichterung schaffen? Auf Anraten des Arztes bringt sie ihre Mutter zur Erholung aufs Land nach Tassin. Die Mutter wacht Tag und Nacht an ihrem Bett. Der fromme Glaube hilft Pauline schließlich, ihre Situation anzunehmen und damit umzugehen. Sie bittet ihre Mutter, ihr das Kreuz zu reichen und einige Absätze aus

6 Vgl. Historie de ma vie, S. 40

der Nachfolge Christi vorzulesen. Der Gedanke „Jesus hat für mich so viel gelitten ... der Heiland kann heilen“ tröstet sie ein wenig.

Die Mutter verzehrt sich vor Sorge und betet mit großer Hingabe: „O, mein Gott, ich ahne, dass du jemand aus meinem Haus von der Welt wegnehmen willst. Ach! Sollte es Pauline sein, so rufe mich statt ihrer.“ Davon erfährt Pauline erst Jahre später; denn auch sie spricht in ihrer Seele die Worte: „Herr, wenn jemand von uns sterben soll, so möchte ich es sein, nicht Mama!“

Gott will es anders: Es ist Narcisse, der 1813 im 21. Lebensjahr überraschend stirbt. Dieser Tod und die schwere Krankheit von Pauline gehen der Mutter sehr zu Herzen und ziehen sie in eine tiefe seelische Krise, begleitet von körperlichem Verfall. Der Doktor rät zu einer Trennung: „Mutter und Tochter krank und im selben Haus, – das ist für keine der beiden Frauen gut!“. Mutter und Tochter müssen einwilligen: Jeanne Jaricot geht nach Lyon, Pauline bleibt auf dem Lande in Tassin. Sie schreibt später über den Abschied: „Meine Mutter umarmte mich weinend und äußerte mit zitternder Stimme: ‚Gott segne meine Pauline‘! Mehr konnte sie nicht sagen, dann zog sie sich zurück.“

Es war auch der letzte Abschied Paulines von ihrer Mutter: Bald darauf ist Jeanne gestorben. Es war der 26. November 1814. Dieses Hinscheiden hatte neben vielen natürlichen Ursachen auch einen übernatürlichen Charakter: Gott hat das Lebensopfer der Mutter für ihre Tochter angenommen. Selbst Jeanne Jaricot war sich dieser Tatsache bewusst. Ihre letzten Worte waren: „Ich danke dir, oh mein Gott! Pauline wird ganz dein sein!“ Die Mutter wird in der Familiengruft der Jaricots auf dem Friedhof Loyasse[7] begraben. Am Fuße des Kreuzes aus weißem Marmor stehen die Worte: „Hier

7 Der „Cimetière de Loyasse“ ist ein Friedhof im Westen von Lyon, gegründet wurde er im Jahre 1812. Er umfasst heute mehr als 30.000 Grabstätten, teilweise von berühmten Persönlichkeiten.

ruht in Gott Jeanne Lattier, Gemahlin von Antoine Jaricot. Sie hat sich stets selbst vergessen, um nur an Gott, an ihre Familie und an die Armen zu denken."

Zu dem Zeitpunkt, wo die Mutter stirbt, hängt auch das Leben von Pauline nur an einem seidenen Faden. Die mysteriöse Nervenkrankheit ist schrecklich und demütigend zugleich. Pauline kann nicht einmal selbständig essen, sie hat keine Kontrolle über ihre Arme und Beine und muss in der Nacht sogar am Bett festgebunden werden. Dieser Zustand bereitet der Familie Jaricot große Sorgen. Die Verwandten verheimlichen Pauline mehrere Monate lang den Tod ihrer Mutter, auch von der Hochzeit ihres Bruders Paul mit Julie Germain im Juni 1815[8] erzählt man ihr nichts – all das um jede Aufregung zu vermeiden.

Doch bald möchte Gott an ihr seine Allmacht erweisen: Während ihrer Krankheit besucht sie der Ortspfarrer von Tassin, der ihr hilft trotz der Ängste eine Gewissenserforschung durchzuführen. Daraufhin beichtet Pauline und sie empfängt auch die Heilige Kommunion. Später schreibt sie in ihrem Tagebuch, dass sich durch einen einzigen Besuch des göttlichen Arztes der Zustand ihres Nervensystems normalisiert hat. Das unkontrollierte Zucken verschwindet und das Sprechen verbessert sich. Jetzt kann sie auch die Botschaft vom Tod ihrer Mutter mit Fassung tragen, die ihr ihr Bruder Paul überbringt. Pauline geht es trotz der schweren Nachricht immer besser: Nach acht Monaten kann sie wieder sicher auf eigenen Füßen laufen. Sie kehrt nach Lyon zurück. Dort erweist sich das Opfer ihrer Mutter als glaubhaft: Pauline übergibt ihr Leben ganz der Mutter Gottes im Marienheiligtum von Fourvière. Dieser Schritt mag einen kurzen Sieg des Guten in ihrem Leben bedeuten, doch der innere Kampf zwischen Natur und Gnade wird noch andauern. Noch fehlt es dem jungen hübschen Mädchen aus reichem

8 Julie Germain stirbt bereits ein Jahr nach der Heirat 1816.

Haus an Orientierung. Noch hat sie keinen geistlichen Führer durch das Abenteuer des Lebens gefunden. Noch hat sie kein großes und letztes Ziel. Und auch ihr Bruder Philéas hat sich verändert; auch er scheint seine Kinderträume von China vergessen zu haben.

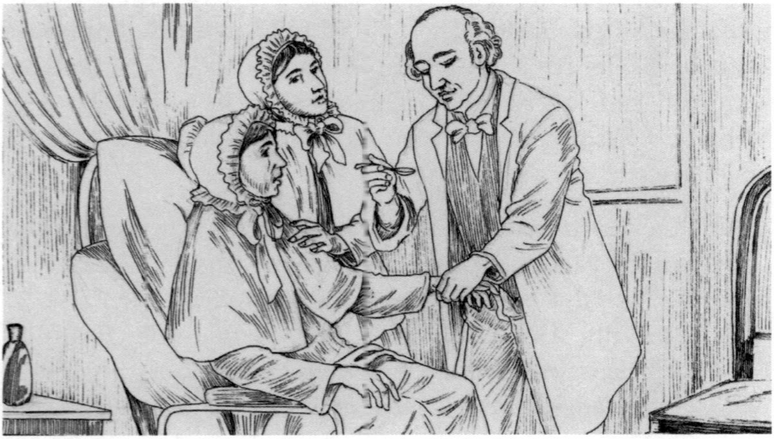

Das Lebensopfer der Mutter wurde angenommen. Sie starb am 26. November 1814.

DAS DILEMMA

In Lyon wirft sich die 16-jährige Pauline sofort wieder in das gesellschaftliche Leben, das sie auch vor ihrer Erkrankung genossen hat. Das Tanzen ist ihre Leidenschaft und der Karneval 1816 gibt vielfältige Möglichkeiten dazu. Sie ist mit ihren Brüdern in das Haus des Seidenfabrikanten Loisson eingeladen. „Schön, dass Sie kommen! Ihr Bruder Philéas ist schon seit sechs Uhr hier!“ – sagt Madame Loisson – „Gaston hat Sie schon vermisst ... Und die anderen auch!“

All ihre Freunde sind da. Pauline ist in Gaston verliebt. Beschwingt schweben die Paare über das Parkett, der Gastgeber selbst spielt auf dem Flügel mit einem Walzer auf. Dann ändert er den Takt der Musik und ruft: „Und nun, meine Herrschaften, alle Quadrille!“ Die Quadrille ist der Modetanz der damaligen Zeit. „Und bitte: Wechsel der Tanzpartner!“ Und dann stimmt er den „Walzer der Liebe“ auf dem Klavier an. Schon liegt Pauline in den Armen von Gaston – so wie früher, vor der Erkrankung. „Ehrlich, Pauline, liebst du mich noch? Nur noch ein klein wenig?“

Das Glück des jungen Mädchens ist es, einfach im Rausch der Gefühle dahin zu leben und Spaß zu haben – ja, sie ist noch verliebt: in Gaston, in ihre Kleider, in sich selbst ... Sie weiß, dass sie hübsch ist, es bereitet ihr Vergnügen, die bewundernden Blicke der anderen auf sich zu ziehen. Doch als Pauline an diesem Abend nach Hause zurückkehrt, geschieht plötzlich etwas Merkwürdiges. Ganz andere Gefühle überfallen sie: Leere und Nachdenklichkeit. Denn plötzlich steht ihr das Bild der verstorbenen Mutter vor Augen. „Sie hat sich für mich geopfert, damit ich am Leben bleibe ... Was mache ich?! Kaum gesund, habe ich mich wieder ins Vergnügen gestürzt. Das ist alles so sinnlos!“ Pauline beginnt von da an, innerlich zu ringen: Der Karneval 1816 führt zu einem Einschnitt in ihrem Leben. Sie ist mit ihrem Leben nicht mehr zufrieden. Sie grübelt, freilich ohne dass jemand es merkt. Nur ihr Zimmermädchen, die gute alte Rosa, die für das Wohlbefinden von Pauline verantwortlich ist und eine besondere Zuneigung zu dem „jungen Fräulein Jaricot" hegt, weiß um ihre innere Not.

Oft klopft Gott durch eine innere Unruhe an das Herz eines Menschen. Der erste Schritt zu einer großen Lebensveränderung ist meist die Unzufriedenheit mit dem Bisherigen und das Gefühl, dass man an der Oberfläche gelebt hat. So beginnt Gott, auf krummen Zeilen gerade zu schreiben.

EINE PREDIGT SCHLÄGT EIN

Der üppige Karneval ist vorüber. Die Zeit hat Pauline mit einem seltsamen Gefühl der Unzufriedenheit zurückgelassen – bis hinein in die beginnende Fastenzeit, die vierzig Tage, in denen sich die Kirche auf das hohe Osterfest vorbereitet. Für Pauline wird es eine Zeit echter Bekehrung. Eines Tages kommt ihre Schwester Sophie und erzählt ihr freudestrahlend: „Stell dir vor, heute bin ich einem Heiligen begegnet. In der Kirche Saint-Nizier. Ich habe noch nie einen Priester so predigen gehört wie diesen!" „Das klingt interessant", antwortet Pauline neugierig. „Wie heißt er?" „Es ist der neue Vikar der Kirche, Abbé Jean Würtz!"[9] „Dann nimm mich bitte einmal mit, damit ich ihn auch hören kann!" – Pauline kann nicht ahnen, dass das kurze Gespräch bereits der Beginn ihres neuen, erfüllten Lebens ist. Selbst für den Kirchgang am nächsten Sonntag richtet sie sich schön her. Stundenlang steht sie vor dem Spiegel bis sie mit ihrem Aussehen rundum zufrieden ist. Der Hut passt wunderbar zu ihrem neuen Kleid aus edlem Seidenstoff und ihren schicken Schuhen. Ihre ältere Schwester Sophie wartet bereits und beide machen sich auf den Weg in die Kirche Saint-Nizier. Sie sind erstaunt, dass die Kirche bis auf den letzten Platz gefüllt ist. Als die beiden aufgeputzten Damen das Gotteshaus betreten, merken sie sofort, wie sich aller Augen auf sie richten. Ein Getuschel und Gemurmel entsteht: „Schau, das sind die Töchter des reichen Antoine Jaricot, wie blendend sie heute wieder aussehen!"

---

9 Abbé Jean-Wendel Würtz (1760 – 1826) wurde in Lothringen geboren. Im Alter von 8 Jahren verwaist, wurde er von einer wohlhabenden, kinderlosen Familie adoptiert. 1790 war seine Priesterweihe. Als „Eidverweigerer" ging er nach Florenz und Rom. Mit Erlaubnis des Papstes kehrte er 1793 verkleidet als Hirte nach Lyon zurück und begleitete unter Einsatz seines Lebens einige Opfer des Terrors bis zum Schaffot. Nach den Revolutionswirren ernannte ihn Kardinal Fesch zum Kaplan der Pfarre Saint-Nizier, wo er 30 Jahre wirkte. Vgl. Catherine Masson, Pauline Jaricot, S. 75 f.

Pauline gefällt das! Ihre Gedanken kreisen noch um den gelungenen Eindruck, den ihre neue Garderobe hervorgerufen hat, als der Abbé Jean Würtz seine Fastenpredigt beginnt: Sein Thema ist die Gefahr, durch Äußerlichkeiten anderen gefallen zu wollen – die Eitelkeit. Der Abbé erwähnt in seiner Predigt auch direkt, dass teure Kleider aus Brokat und Seide nicht nur eitel machen, sondern auch Verschwendung sind. Pauline spürt, dass diese Worte ihr gelten – und sie spürt, dass der Priester recht hat. Es läuft ihr heiß und kalt über den Rücken. In ihrer Ergriffenheit merkt sie gar nicht, dass sich die Blicke der Gläubigen während der Predigt immer wieder auf sie richten. Pauline ist ja das sichtbare Paradebeispiel für jene Eitelkeit, über die der Priester von Saint-Nizier predigt!

Längst ist die Andacht zu Ende, das Gotteshaus hat sich geleert. „Komm!" flüstert Sophie. Doch Pauline ist tief in Gedanken versunken. Sie kniet wie angenagelt in der Kirchenbank. Tief bewegt denkt sie an ihr oberflächliches Leben. „Komm doch!" – drängt Sophie und stößt ihre Schwester leicht an. Pauline schreckt aus ihren Gedanken auf. Doch sie will noch nicht nach Hause gehen. „Warte auf mich!" Sie hat eine Entscheidung gefasst und geht vor in die Sakristei. „Herr Vikar, darf ich bitte beichten?", bittet sie Abbé Würtz. Es folgt eine lange und ehrliche Lebensbeichte. Danach weint Pauline vor Freude und Dankbarkeit. Die Worte des Priesters „So spreche ich dich los von deinen Sünden im Namen des Vaters und des Sohnes und des Heiligen Geistes!" klingen für sie als die Verheißung eines neuen Lebens. Gott hat die Taufgnade wieder hergestellt – ja, er hat ihr alles vergeben. Das ist der Anfang ihrer Bekehrung. Abbé Würtz spürt, dass Gott ihm hier eine besondere Seele anvertraut. In ihm hat Pauline von diesem denkwürdigen Tag an einen geistlichen Begleiter gefunden – so wird der Vikar von Saint-Nizier ihr großer Helfer auf dem Weg ihrer Suche nach Gott und ein Führer zur vollkommenen Hingabe an den Willen Gottes. Pauline nennt ihn Hananias. Sie vergleicht ihre Bekehrung mit der des heiligen Paulus auf der Straße nach Damaskus, der von Hananias in Damaskus empfangen und von ihm getauft wurde. „Ich schwankte nicht mehr und warf mich Hananias zu Füßen", schreibt Pauline.[10]

Paulines feuriger Charakter lässt sie sofort das alte Leben hinter sich lassen und ein neues beginnen. Der Schritt hin zu Einfachheit und evangelischer Armut macht sie in kürzester Zeit zum Stadtgespräch in Lyon: „Haben Sie die Tochter des Seidenhändlers und Seidenwarenfabrikanten Jaricot schon gesehen?" – „Pauline, diese verwöhnte Modepuppe?! Natürlich kenne ich sie, aber was ist mit ihr?" – „Stellen sie sich vor: sie trägt jetzt ein schlichtes Musselin-Häubchen, einen groben blauen Rock und ein blankes weißes Tuch um die Schultern ... und sie hat Schuhe mit Lederriemen ..." – „Nicht möglich! Dann schaut sie ja aus wie eine Dienstmagd?" – „Ja! Und sie beschäftigt sich plötzlich damit, die Kranken zu besuchen. Doch diese Flausen wird ihr Monsieur Jaricot schon austreiben!"

10 Historie de ma vie, S. 55

Pauline versieht selbstlos und mit großer Hingabe ihren Dienst bei den Kranken

Pauline ändert sich aber nicht nur äußerlich – in ihrem neuen Lebensstil wird vor allem ihr Inneres verwandelt. Sie eilt so oft sie nur kann in das Hôtel Dieu, das alte Stadtkrankenhaus, und in das Spital der Unheilbaren bei Saint-Polycarpe. Dort pflegt sie Kranke, verbindet ihre Geschwüre und tröstet sie: „Ich bin für euch da. Ich werde wieder kommen." Sie zeichnet alles mit dem Siegel der Liebe. Selbstlos und mit Freude versieht sie den Dienst bei den Kranken und denkt dabei an die Worte: „Was ihr für einen meiner geringsten Brüder getan habt, das habt ihr mir getan."

Als Pauline einmal nach Hause kommt, sitzt der Vater Antoine mit seinen beiden Söhnen Paul und Philéas und den beiden Töchtern Sophie und Marie-Laurence beim flackernden Kaminfeuer. Sie sind ins Gespräch vertieft. Pauline öffnet die Tür und grüßt unbekümmert: „Guten Abend!" Sie merkt sofort, dass man gerade über sie gesprochen hat. Alle schweigen und starren sie in ihren ärmlichen Kleidern an. „Guten Abend, mein kleiner Paradiesvogel!", sagt der Vater. „Komm, setz dich zu uns!" Und schon fällt Paul ein: „Wie geht es denn unserer kleinen Heiligen?"

Doch sofort verbietet der Vater seinem Sohn diesen spöttischen Ton. Sanft und ruhig fragt ihre Schwester Sophie: „Pauline, merkst du nicht, wie sich die ganze Stadt über dich lustig macht? Merkst Du nicht, dass dein Aussehen und dein Verhalten auch für uns peinlich wird?"

„Aber Sophie, du warst es doch, die mich zu den Predigten von Abbé Würtz mitgenommen hat. Du hast doch gehört, was der Priester gesagt hat" antwortet Pauline. „Ja, das mag für andere gelten. Aber wir Jaricots sind doch nicht irgendwer. Vater hat ein gut florierendes Unternehmen aufgebaut. Du hast dich bis jetzt immer standesgemäß gekleidet. Und jetzt auf einmal?"- entgegnet Sophie. „Ich habe jetzt den gefunden, den meine Seele liebt!" beteuert Pauline und zitiert dabei das Hohelied der Liebe aus der

Bibel. Auch Paul kann mit dem Sinneswandel seiner Schwester nicht umgehen, für ihn ist das alles töricht. „Pauline, ich gebe dir einen guten Rat: Denke daran, wer zu viel unternehmen will, der bringt am Schluss gar nichts zustande."

Doch Pauline lässt sich nicht beirren, sondern bittet ihre Familie um Verzeihung. Die Verständnislosigkeit ihrer Geschwister schmerzt sie zwar, aber sie geht den eingeschlagenen Weg weiter. Unbeeindruckt übt sie die Werke der Nächstenliebe aus, besucht die Spitäler, pflegt und tröstet Kranke. Im Laufe der Zeit merkt sie bald, dass nicht nur der Körper der Kranken Heilung braucht. Meist bedarf die Seele noch mehr der Befreiung aus den Belastungen und Verletzungen, die ihr die Sünden zugefügt haben. Sie hat eine Idee und möchte in besonderer Weise für die Sünder beten.

In Frankreich ist damals die Verehrung des Heiligsten Herzens Jesu sehr weit verbreitet. Am 27. Dezember 1673 hatte in Paray-le-Monial die Ordensfrau Margareta Maria Alacoque eine Vision: Sie sah Jesus, der ihr sein brennendes Herz entgegenhielt. Jesus versicherte ihr, dass sein Herz für alle Menschen von Liebe brennt, auch und besonders für die Gottfernen und die Sünder. In dieser und zwei weiteren Visionen beauftragte er die Ordensfrau, dass sich die Gläubigen durch Gebet und Opfer seiner barmherzigen Liebe zu den Sündern anschließen sollen: Sie sollen sein Heiligstes Herz verehren und dabei für die Sünder beten und opfern. Pauline sieht, dass es mit bloß äußerer Pflege nicht getan ist: Die Seelen der Kranken brauchen Heilung. So sammelt sie Arbeiterinnen und Dienstmägde zu einem Bündnis, das sie „Réparatrices du Sacré Coeur de Jésus-Christ" nennt – auf Deutsch etwa „Versöhnerinnen des Heiligen Herzens Jesu". Es geht um die Wiederherstellung der Gnade in den Herzen der Sünder, wörtlich um die „Reparatur" dessen, was falsch und zerbrochen ist. Diese Gründung ist die erste missionarische Tat Paulines.

Später hat Pauline gestanden, dass es ihr in der ersten Zeit eine große Selbstüberwindung gekostet hat, so ärmlich gekleidet auf die Straße zu gehen. Das Gerede der Leute setzt ihr zu. Sie spürt, wie die Leute über sie tuscheln und ihr nachschauen. Sie fühlt sich gedemütigt. Zugleich spürt sie, dass eben diese Scham, die sie empfindet, eine Therapie für ihre stolze Natur ist. Sie bleibt auf dem Weg der radikalen Umkehr und geht sogar noch einen Schritt weiter. Sie legt all ihren Schmuck vor das Kreuz und übergibt ihn dem Heiland. Dann verkauft sie ihre Broschen, Ringe und Ketten und gibt den Erlös den Armen. So hat es Jesus im Evangelium gefordert: „Wenn du vollkommen sein willst, dann geh, verkaufe alles, was du hast und gib das Geld den Armen!" (Mt 19,21). Ihre kostbaren Stoffe schenkt sie den Kirchen, damit daraus Messgewänder und andere Paramente für den Gottesdienst angefertigt werden. Wie der heilige Franziskus will sie nur noch das unbedingt Notwendige besitzen. Sie ist bereit, dafür Spott und Unverständnis in Kauf zu nehmen. Ungehorsam aber möchte sie nicht sein. Und so beendet sie ihre Verschenkungsaktion, als ihr der Vater verbietet, etwas ohne seine Erlaubnis zu verschenken.

In ihrer entflammten Liebe zu Jesus Christus und in ihrer Sehnsucht, ihm nachzufolgen, ist Pauline all das zu wenig. Sie sehnt sich danach, sich Gott zu weihen, fühlt sich aber nicht zum Ordensleben hingezogen. In der Weihnachtsnacht 1816 legt sie in der Kapelle von Fourvière das Privatgelübde der Jungfräulichkeit ab. Sie selbst schreibt: „Stolz auf mein Glück ... sagte ich mir immer wieder voller Begeisterung: Ich bin die Braut Jesu Christi."[11] Auch in ihren Aufzeichnungen spricht sie davon, dass die Braut ganz dem göttlichen Bräutigam gehören muss. Sie muss durch

11 Histoire de ma vie, S. 70

eine glühende Liebe verbunden sein, wie der Seidenfaden mit der Abwickelmaschine.[12]

Noch heute erinnert eine Gedenktafel an dieses bedeutende Ereignis im Leben von Pauline Jaricot.

12 Vgl. PAULINE JARICOT, Écrits de jeunesse, Père éternel, je vous offre ..., Lethielleux, Paris 2010, S. 68

Kapelle von Fourvière, wo Pauline 1816 ihr Privatgelübde der Jungfräulichkeit ablegt

Gedenkplatte in der Kapelle von Fourvière:

Pauline Marie JARICOT,
die Gründerin des „Werkes der Glaubensverbreitung“
und des „Lebendigen Rosenkranzes“,
kam oft hierher um in dieser Kapelle
in der Nähe ihrer „Maison de Lorette“
für die weltweite Mission der Kirche und
für die Einheit der Christen zu beten.
Hier legte sie am 25. Dezember 1816
das Gelübde der Keuschheit ab.

DAS EXPERIMENT GLÜCKT

Es gibt zu dieser Zeit nicht wenige in Lyon, auch fromme Gläubige, die Pauline für verrückt, zumindest aber für überdreht halten. Um sie dem Gerede der Leute zu entziehen, schickt der Vater seine Lieblingstochter für einige Monate zu ihrer Schwester Marie-Laurence nach Saint-Vallier. Der kleine Ort liegt etwa 70 Kilometer südlich von Lyon. Dort leitet ihr Schwager Victor Chartron eine große Seidenfabrik. Die 200 Arbeiterinnen der Seidenfabrik liegen der Familie Chartron sehr am Herzen, ihre religiöse Bildung ist mangelhaft. Viele von ihnen führen auch ein recht sittenloses Leben. Pauline bekommt die Problematik schnell mit – und sie nimmt sich vor, für das Problem einzustehen.

Sie erinnert sich an die Worte ihres geistlichen Leiters, Pater Würtz: „Seien Sie überzeugt, dass Gebet und gutes Beispiel die stärksten Mittel sind, auf andere positiv einzuwirken und die Welt zu verändern." Sie setzt ganz auf das Gebet, genauer: auf die eucharistische Anbetung. Dem Rat ihres Seelenführers folgend, verbringt sie mehrere Stunden vor dem Tabernakel in der nahen Dorfkirche. Sie weiß, dass Jesus im Allerheiligsten Sakrament gegenwärtig ist, um für die Sorgen und Nöte der Menschen da zu sein. Sie betet für die Fabrikarbeiterinnen und legt sie in das Herz Jesu. Ihre Liebe zum eucharistischen Heiland wächst so sehr, dass sie sich entschließt, ein Buch über die eucharistische Anbetung zu schreiben.

Wer in der Anbetung bei Jesus verharrt, der wird eins mit seiner Gesinnung. Der beginnt zu lieben, wie Er liebt. „Ich bin geschaffen, um zu lieben und zu handeln" – nach dieser Maxime lebt Pauline. So ist es folgerichtig, dass sie sich immer mehr aktiv für die Arbeiterinnen interessiert. Sie schaut, wo sie arbeiten, wo sie zu Hause sind, wie ihre Wohnungen eingerichtet sind, was sie essen, wie lange sie arbeiten und was sie verdienen. Ihre Beobachtungen erschüttern sie: Die Häuser sind armselig und windig, der Lohn ist kärglich, das Essen ungesund, die Armut groß. Kein Wunder, dass zwischen den Wohnbuden Tanzlokale eingerichtet sind, wo man sich vergnügen kann. Dort verkaufen sich die Mädchen für ein Glas Wein.

Pauline ist 17 Jahre, als sie in diese Abgründe menschlichen Elends schaut. Wir sind am Beginn des Zeitalters der Industrialisierung, es gibt noch keine Gesetze, die die Arbeitszeit und den Arbeitslohn regeln. Pauline schreitet zur Tat und macht ihrem Schwager konkrete Vorschläge. Sie fordert viel: „Schaffen Sie den Mädchen in Ihrem Haus menschenwürdige Wohnungen! Bauen sie den leeren Speicher zu Schlafsälen aus und geben sie den Frauen die Möglichkeit, selbst zu kochen. Und am Abend müssen alle gemütlich zusammensitzen können und brauchen dazu einen freundlichen Raum. Dafür scheint mir die Halle 2 geeignet. Für Unterhaltung, Gesang und religiöse Gespräche will ich sorgen. Auch der Pfarrer des Ortes, Vikar Bleton, wird kommen und Religionsunterricht erteilen." Herr Chartron starrt sie mit offenem Mund an. Dann sagt er nur: „Pauline, Ihre Ideen sind großartig! So machen wir es!"

Nachdem auch Marie-Laurence dem Experiment zustimmt, wird gehämmert, gehobelt, gesägt und geklopft. Pauline verbreitet Vorfreude unter den Arbeiterinnen, indem sie von den Maßnahmen erzählt, die ihr Leben verbessern sollen. So gewinnt sie die Herzen, denn es sind keine leeren Versprechungen. Herr Chatron setzt die Ideen Paulines um. Alles wird so umgestaltet und eingerichtet, wie sie es vorgeschlagen hat. Die Begeisterung der Fabrikarbeiterinnen ist grenzenlos!

Als Pauline im Herbst Abschied von Saint-Vallier nehmen muss, meint Viktor zu seiner Gattin: „Wir haben uns alle in deiner kleinen Schwester getäuscht. Wie sie hier ankam, meinten wir, ein verwirrtes Mädchen aufnehmen zu müssen. Und was hat sie alles bewegt!" „Ja, ich weiß", pflichtet ihm Marie-Laurence zu. „Sie hat mit ihren Gebeten und mit ihren klaren Ideen nicht nur unsere Arbeiterinnen bekehrt, sondern nebenbei auch uns selbst." Zur Verabschiedung sind alle Fabriksarbeiterinnen versammelt, viele mit Tränen in den Augen. Bevor Pauline in die Postkutsche steigt, ermutigt sie alle und gibt den Arbeiterinnen noch letzte Ratschläge. Der Abschied fällt schwer – doch für Pauline war die Zeit eine wichtige Vorübung, bevor sie mit ihrem Apostolat in der Heimatstadt starten kann.

DAS APOSTOLAT BEGINNT

Pauline kehrt nach Lyon zurück und begibt sich wieder in die geistliche Begleitung von Abbé Jean Würtz. Der erfahrene Beichtvater sieht in dem Erfolg, den Pauline in Saint-Vallier bei den Arbeiterinnen hatte, auch eine Gefahr: die Gefahr des geistlichen Stolzes. Er weist sie ausdrücklich darauf hin, dass ihr Hochmut mit dem Ablegen der modischen Kleider noch nicht überwunden ist und gibt ihr die Selbstbiographie der heiligen Teresa von Avila – die „Vida" – zu lesen. Pauline solle lernen, ihre inneren Regungen und Empfindungen besser einzuordnen. Bei der Lektüre des Buches erkennt Pauline viele Gemeinsamkeiten zwischen ihr und der großen spanischen Mystikerin: Beide sind in einer gläubigen Familie aufgewachsen. Beide wünschen, in die Mission zu gehen. Tatsächlich macht sich Teresa schon als Siebenjährige mit ihrem Bruder Rodrigo auf, um die Mauren zu bekehren. Pauline wiederum phantasiert als Kind mit ihrem Bruder Philéas über die Mission in China. Beide führen dann als junge Frauen ein oberflächliches weltliches Leben. Beide lesen gerne Bücher. Beide verlieren in jungem Alter ihre Mutter. Und erfahren eine tiefe Bekehrung, die ihnen besondere Gnaden schenkt und ihr Leben völlig neu ausrichtet.

Pauline ist von den Parallelen in der Lebensgeschichte der großen Mystikerin und Ordensgründerin von Avila fasziniert. In ihrem Herzen entbrennt mächtig die Frage: „Und was hat Gott mit mir vor?" Nach ihrer Rückkehr von Saint-Vallier nach Lyon nimmt Pauline sofort ihre karitativen Werke wieder auf. Bei der Pflege von Kranken im Hôtel Dieu lernt sie eine gleichgesinnte Frau kennen, Elisa Ozanam, die Tochter eines Arztes. Diese fragt Pauline, ob sie sich nicht einem Wohltätigkeitsverein anschließen möchte, wo man Kranke auch in ihren Wohnungen besucht. Pauline ist sofort Feuer und Flamme und lässt sich Adressen von Hilfsbedürftigen geben. Dabei erfährt sie, dass es einige adelige Familien gibt, die durch die Revolution alles verloren haben und nun bettelarm leben.

Die Heilige Teresa von Avila (1515 – 1582) war eine große Mystikerin und Kirchenlehrerin

Diese schämen sich zum einen, Almosen anzunehmen, zum anderen sträuben sie sich aber, Fabrikarbeit auf sich zu nehmen. Pauline hat wiederum eine Idee. Sie lädt Mädchen aus diesen verarmten Adelsfamilien zu sich ein und erfindet spezielle Arbeiten für sie. So baut sie mit ihrer Freundin Elisa eine Blumenwerkstatt auf; die jungen Mädchen basteln aus Samt- und Seidenresten künstliche

Blumen. So haben die jungen Mädchen ein „würdevolles" kleines Einkommen.

Leider: Kurz nach der Eröffnung dieser innovativen Werkstatt erkrankt Elisa schwer – nach einem kurzen Leiden stirbt sie. Nun steht Pauline allein mit der Werkstatt da, die den Namen „Blumen aus Lyon" trägt. Mit Eifer wirbt sie mit den Blumenbinderinnen für ihre Produkte. Doch manchmal reicht es nicht und es kommt zu finanziellen Engpässen. Gott sei Dank gibt es da noch den Vater Jaricot, der dann seiner Lieblingstochter gerne unter die Arme greift und hilft. Die „Blumen aus Lyon" sind bald überall bekannt und werden zu einer guten Einnahmequelle. Bei der Leitung der Werkstatt legt Pauline großen Wert darauf, dass man sinnvolle Gespräche pflegt, Tratsch und Gerede vermeidet, dass man gute Manieren zeigt und dass man die religiöse Bildung vertieft. Doch das Arbeitspensum ist zu groß: Tagsüber die Pflege der Kranken und die Arbeit in der Werkstatt; dazu strenges Fasten und in der Nacht stundenlange Anbetung vor dem Allerheiligsten – das ist zu viel und übersteigt die Kräfte der jungen Frau. Es kommt zum körperlichen Zusammenbruch: Pauline wird von Herzrasen gequält und jede Bewegung tut ihr weh. Trotz der heftigen Schmerzen lässt sie sich aber nicht davon abbringen, jeden Samstag auf den Fourvière-Hügel hinaufzusteigen und in der dortigen Marienkapelle zu beten. Gott weiß, warum!

Ist die Entwicklung Paulines bis hierher schon wunderbar, so kommen neue unerklärliche Phänomene hinzu: Angriffe Satans. Die gute Rosa, Magd im Hause Jaricot, wohnt direkt neben Pauline. Sie wird Zeugin dieser heftigen Kämpfe und hört laute und polternde Geräusche aus dem Nachbarszimmer. Als sie aufgrund des Lärms besorgt zu Pauline eilt, sagt diese: „Meine liebe Rosa! Bitte bete für mich, aber erzähle niemandem, was du siehst! Der Satan möchte sich meines Herzens und meines Willens bemächtigen. Aber mit der Gnade Gottes wird ihm das niemals gelingen."

Es gibt in der Kirche nichts Großes, das nicht aus inneren Kämpfen geboren wird. Pauline wird durch diese körperlichen und seelischen Angriffe geläutert. Wenn es ihr schlecht geht, flieht sie zum Tabernakel, um dort beim Herrn Kraft, Trost und Stärke zu schöpfen. Dort vernimmt sie, wie sie selbst später berichtet hat, die Stimme des Herrn. Er antwortet auf ihre Fragen und offenbart ihr seine Absichten. Am Palmsonntag 1817 fragt sie die bewegende Stimme des Herrn: „Willst du mit mir leiden und sterben?"

Basilika Notre Dame de Fourviére. Unter der goldenen Statue die viel ältere kleine Kapelle, in der Pauline ihr privates Keuschheitsgelübde abgelegt hat.

Und sie stimmt zu. Sie ahnt, dass sie ihr Leben aufopfern wird – bis zum Tod.[13] Im Moment einer schweren innerlichen Prüfung betet sie: „Du hast mir's gesagt, o Jesus. Deine Wahl ist deshalb auf mich gefallen, weil ich das schwächste Geschöpf bin. So hast du mich erwählt, damit ich deine Absichten ausführen soll."

Von Juni bis September 1817 hält sie sich mit Abbé Würtz in Tassin auf. Ihr geistlicher Vater trägt ihr auf, ihr Leben niederzuschreiben.[14] Darin schreibt sie ganz offen, dass in dieser Zeit immer wieder Stolz, Zorn und Eifersucht wie heftige Stürme um sie toben. Vertrauensvoll wendet sie sich an Jesus, mit dem sie eine ganz innere Verbindung pflegt. Dies belegen ihre Jugendschriften, die von einem tiefen Innenleben zeugen. Manchmal hört sie die Stimme des Herrn, der zu ihr spricht: „Meine Tochter, ich will dir mein Herz und die Wunde meines Herzens geben. Mein Herz wird zu deinem Herzen werden und dein Herz wird zu meinem Herzen werden."[15]

Ein anderes Mal spricht Jesus zu ihr: „Mein Kind, ... wenn du in Not bist, kannst du dich in mein Herz flüchten, das immer offen ist, um dich zu empfangen – und du wirst dort Frieden finden."[16]

Inzwischen änderte sich auch das Leben ihres Lieblingsbruders Philéas – er ist nach Paris gegangen, um Priester zu werden. Er studiert am Seminar Saint-Sulpice, wo künftige Missionare ausgebildet werden. Alte Kindheitsträume schicken sich an, in die Tat umgesetzt zu werden. Regelmäßig schickt der junge Priesterstudent seiner Schwester Berichte über das Wirken der Missionare in aller Welt. Sie verschlingt seine Schilderungen. Philéas schreibt auch von der großen Tragödie, dass es überall an finanziellen Mitteln

13 Vgl. CATHERINE MASSON, Pauline Jaricot (1799 -1862), S. 102
14 Histoire de ma vie = Geschichte meines Lebens, verfasst zwischen 1817 und 1821
15 Écrits de jeunesse, S. 46
16 Écrits de jeunesse, S. 47

mangelt, um neue Missionsstationen zu errichten oder auszubauen. Das trifft Pauline sehr und sie ist fortan nur mehr von einem Gedanken umgetrieben: Wie kann ich helfen? Was kann ich tun, um die Missionare zu unterstützen? Diese Fragen werden sie ihr Leben lang beschäftigen. Sie fühlt sich vom Herrn gedrängt, seiner Kirche zu helfen.

Es waren die Berichte von Philéas, die das Herz der jungen Idealistin auf die Weltmission hin ausgerichtet haben. Pauline beginnt unverzüglich zu wirken. Als Erstes wendet sie sich an ihre Gebetsgruppe der „Réparatrices" und an ihre Helferinnen in der Blumenwerksstatt in Lyon und bittet sie um Spenden. Den Fabrikarbeiterinnen in Saint-Vallier schlägt sie vor, von ihrem Wochenlohn jeden Freitag einen Sou für die Mission zu geben. Dazu kommen Spenden aus dem Kreis ihrer Familie und ihre eigenen Gaben. Schließlich kommt einiges zusammen. Sie schickt alles an die Gesellschaft der Auswärtigen Missionen, die „Missions Étrangères"[17] in der Rue du Bac in Paris. Niemand hat wohl geahnt, dass die klein begonnene Organisation der jungen Frau später einmal zu einem weltweiten, gigantischen Strom der Unterstützung der Mission heranwachsen wird.

Pauline hätte auch mit diesem Erfolg zufrieden sein können; sie ist aber unermüdlich! Sie will immer mehr und mehr. Sie ist regelrecht hungrig danach, Gutes zu tun und anderen zu helfen. Sie verzehrt sich danach, die Mission der Kirche zu unterstützen. Was ihr noch fehlt, ist eine konkrete Idee, die aus einer kurzen, punktuellen Aktion eine Bewegung zu formen vermag ...

---

17 Die „Société des Missions Étrangères de Paris", deutsche Gesellschaft der ausländischen Missionen zu Paris war eine der ersten katholischen Missionsgesellschaften. Sie wurde 1663 in der Rue du Bac gegründet, wo sie sich noch heute befindet.

DIE ZÜNDENDE IDEE

Jesus sagt bei seinem Abschied aus dieser Welt, direkt vor der Himmelfahrt: „Geht hinaus in die ganze Welt und verkündet das Evangelium allen Geschöpfen!" (Mk 16,15). Das ist der Missionsauftrag an seine Jünger, ja an seine ganze Kirche. Nun, es gibt ja Priester, Ordensfrauen und Ordensmänner, die als Missionare in die Welt hinausziehen. „Aber wie", so überlegt Pauline fieberhaft, „wie können wir alle hier von unserer Heimat aus diesen Missionsauftrag erfüllen? Wie können wir den Missionaren helfen?"

Dieser Gedanke lässt Pauline nicht mehr los. Sie ist inzwischen 19 Jahre alt geworden – wir schreiben das Jahr 1818. Die Familie Jaricot sitzt beim Kartenspiel beisammen. Pauline selbst spielt nicht mit, sie wärmt sich abseits beim Kaminfeuer. Sie grübelt. „Wie können wir alle der Glaubensverbreitung der Kirche in den Missionsländern helfen?" Ungeahnt kommt ihr eine Idee, die ebenso anmutig wie wirkungsvoll ist. Paulines Plan ist verblüffend einfach: „Jede meiner Freundinnen soll jede Woche einen Sou für die Mission spenden. Das ist nicht viel. Doch jede meiner Freundinnen soll zugleich wiederum zehn weitere Spenderinnen finden, von diesen soll dann wiederum jede zehn neue Spenderinnen finden – und so weiter. Wenn es viele werden, die geben, dann kommt in der Summe ordentlich etwas zusammen." Pauline überlegt eine Art Schneeballsystem des Spendens für die Weltmission.

Dazu kommt, dass jeder, der zehn weitere zum Spenden für die Mission wirbt, sich dadurch ja selbst als „Missionar" betätigt. Pauline ist sofort vom Erfolg ihrer Idee überzeugt. Sie konstruiert in ihren Gedanken ihr Spendensystem sofort weiter, um es wirkungsvoll zu organisieren: Für je zehn Mitglieder soll es eine Leiterin geben; zehn Leiterinnen wiederum bilden eine Hundertschaft, wo es wieder eine Leiterin gibt. Auf diese Weise ließe sich auch die Weiterleitung der Spenden sicher organisieren, damit sie auch dort ankommen, wo sie ankommen sollen.

Bei einem abendlichen Zusammensein der Familie Jaricot, kommt die junge Pauline auf eine geniale Idee ...

Sie kritzelt ihren Plan von Zehner- und Hundertschaften von Spenderinnen und Spendern auf das Einzige, das sie an Papier vorfindet: auf eine Spielkarte. Bei nächster Gelegenheit eilt sie zu ihrem Beichtvater Abbé Würtz und erzählt ihm von ihrem Einfall. Abbé Würtz lebt mittlerweile als Hauskaplan bei den Schwestern von „Sacré Coeur de la Ferrandière" am Stadtrand von Lyon. Er hört sich die Ausführungen seines Beichtkindes geduldig an und gibt Pauline dann eine Antwort, die sie ihr ganzes Leben nie vergessen wird. Immer wieder wird Pauline später das Urteil von Abbé Würtz zitieren, das da lautet: „Pauline, Sie sind viel zu dumm, um eine derartig gute Erfindung zu machen. Daher muss dieser Plan offensichtlich von Gott kommen. Deshalb erlaube ich es nicht nur, sondern ich bitte Sie dringend darum, diese Idee umzusetzen." Freudestrahlend kehrt Pauline zu ihrer Familie zurück. Jetzt hat sie nicht nur eine Idee, sondern auch den Auftrag, um etwas Großes für Gott zu tun. Der Segen ihres Beichtvaters bedeutet ihr viel – umso mehr die ausdrückliche Aufforderung! Sie geht sofort ans Werk. Im Jahr 1819, Pauline ist gerade 20 Jahre alt, wird ihr „Verein für die Glaubensverbreitung" gegründet. Die Prinzipien sind einfach: Die Mitglieder beten jeden Tag ein kurzes Gebet für die Mission und spenden jede Woche einen Sou für die „Missions Étrangères", die auswärtigen Missionen. Die beiden Säulen sind Gebet und Spende. Und dazu kommt das Prinzip des „Jeder-wirbt-zehn-weitere", also das missionarische Prinzip, auch andere für das Gebet und die Spende für die Weltmission gewinnen zu wollen.

Sofort schreibt sie ihrem Bruder Philéas in das Seminar nach Paris. Sofort macht sie sich an die Umsetzung. Sofort beginnt die Idee zu zünden und in kürzester Zeit sind einige hundert gewonnen, die beten, spenden und weitere werben. Doch auch mitten im Erfolg erfährt Pauline, dass sie nicht nur außerhalb, sondern vor allem mitten in der Kirche auf Widerstand stoßen muss, um das wahrhaft Große zu vollbringen. Ein Priester in einer Lyoner Pfarre bezeichnet in einer Predigt ihr Werk als „unerlaubt", weil ihm die kirchliche Genehmigung fehle. Pauline reagiert sofort und schreibt folgenden Brief an Monsignore Courbon, den Generalvikar der Erzdiözese Lyon:

„Hochwürdiger Herr Generalvikar! Aus Furcht, gefehlt zu haben, weil ich ohne Ihre Genehmigung einen Verein zugunsten der Missions Étrangères stiftete, bitte ich Sie ganz ergebenst um Entschuldigung und erkläre Ihnen, dass ich die Organisation unverzüglich aufheben werde, falls Sie sie missbilligen."[18]

18 In: Maurin Julia, Das Leben, Wirken und Leiden der gottseligen Pauline-Maria Jaricot, Trier 1898, S. 70.

Die Antwort lässt nicht lange auf sich warten. Doch sie beinhaltet keine wirkliche Förderung, sondern ist nur ein Akt hohler Kirchendiplomatie. Generalvikar Courbon schreibt an Pauline Jaricot, dass sie das bestehende Werk nicht aufheben soll; sie soll es aber auch nicht vermehren und keine Werbung dafür machen, dass es wachse. Pauline ist maßlos enttäuscht; sie versteht nicht, warum die kirchliche Leitung ihren missionarischen Feuereifer eindämmen will. Pauline sieht, dass die Reaktionen der kirchlichen Obrigkeit mehr auf Angst, als auf wirklicher Offenheit auf den Heiligen Geist begründet ist, doch sie weiß genauso: Gott schreibt auf krummen Zeilen gerade, auch auf krummen Zeilen der Kirche. In diesem Fall bediente sich Gott der krummen Zeilen der Wirren der Französischen Revolution. Die Kirche war weiterhin in Unordnung, die sich konkret darin äußerte, dass es damals einen zweiten Generalvikar für die Erzdiözese Lyon gab, den Pfarrer von Saint Polycarpe, Pierre Gourdiat[19]. „Wenn es bei dem einen nicht geht, vielleicht beim anderen", denkt sich Pauline und wird bei Generalvikar Gourdiat vorstellig: „Ich habe Tag und Nacht gebetet und mit mir gerungen, aber ich sehe keinen Ausweg." – „Keinen Ausweg? Was ist das Problem?" fragt sie Pfarrer Gourdiat. „Sie kennen doch das Werk der Glaubensverbreitung. So viele machen mit, täglich ein Gebet für die Mission zu beten und jede Woche einen Sou zu geben, das ist nicht zu viel verlangt! Das Werk hat sich schnell ausgebreitet. Nun aber hat mir Generalvikar Joseph Courbon verboten, weitere Mitglieder zu werben." – „Das ist doch unmöglich!", antwortet Gourdiat. – „Doch" – stößt Pauline hervor. „Ich vermute, dass er einige Beschwerdebriefe erhalten hat. Er verbietet uns, neue Mitglieder zu werben." – „Liebe Madmoiselle Jaricot, bitte zögern sie nicht, ihr Werk weiter auszubauen! Mein Mitbruder Joseph

19 Erzbischof und Kardinal Joseph Fesch hielt sich in Rom auf und verzichtete nicht auf das Erzbistum Lyon, das er seit 1802 innehatte. Er war ein Verwandter von Napoleon dem Großen. Die Diözese Lyon wurde daher von Generalvikaren verwaltet.

Phileas Jaricot, der jüngere Bruder Paulines und André Terret, der reiche Seidenfabrikant

Courbon ist Generalvikar, aber ich bin es auch. Wenn ich Ihnen als Generalvikar Pierre Gourdiat sage, dass sie es dürfen, dann dürfen sie es." Pauline fühlte, wie ihr ein Stein vom Herzen fiel. Aber das war noch nicht alles. Der Generalvikar Gourdiat fügte hinzu: „Bitte sammeln sie so viel Geld wie möglich. Ich bin gerne auch bereit, den Geldboten zu spielen und die Spenden nach Paris an die Gesellschaft der auswärtigen Missionen zu übersenden ..." Pauline ist überglücklich, ihre Augen strahlen von Dankbarkeit. Sie weiß: Wieder hat Gott Großes an ihr und durch sie getan.

In Generalvikar Pierre Gourdiat hat sie also nicht nur einen treuen Unterstützer, sondern auch einen guten und zuverlässigen Schatzmeister gefunden. Der Verein zur Glaubensverbreitung wächst rasch. 1820, ein Jahr nach der Gründung, umfasst er schon tausend Mitglieder, die beten und spenden. Hilfreich sind auch das gute Ansehen der Familie Jaricot und die zahlreichen Freundeskreise und Netzwerke um die Geschwister von Pauline. So erweist sich etwa Viktor Girodon, ein Freund von Philéas, der kaufmännischer Angestellter beim reichen Seidenfabrikanten André Terret ist, als besonders wirksamer Förderer des Werkes. Er ist von der Idee begeistert und wirbt viele neue Mitglieder an. Der persönliche Kontakt zu den Spendern ist von großem Vorteil. Da zur Mitgliedschaft nur ein kleines Gebet und eine kleine wöchentliche Gabe erforderlich sind, haben viele Mitglieder tatsächlich den Mut, weitere zehn anzuwerben. Die Idee funktioniert, viele Gläubige nützen die Chance, durch das Werk der Pauline Jaricot, die Weltmission konkret zu unterstützen.

Doch Widerstände bleiben nicht aus, im Gegenteil. Überall, wo etwas in der Kirche wächst, melden sich sofort Neid und Eifersucht. Gehässige Leute in Lyon werfen Pauline Stolz und Überheblichkeit vor. Was bilde sich diese junge Dame aus reichem Haus da ein, ein solches Werk zu betreiben. Das sei Sache der Priester und Orden.

Pauline wolle sich damit nur profilieren und als etwas Besseres aufspielen. In Paris wiederum hat Pauline einen großen Fan für ihre Idee, das ist ihr Bruder Philéas. Er hat die Bedeutung des Werkes der Glaubensverbreitung erkannt und schreibt seiner Schwester unablässig Dankbriefe und Worte der Ermutigung. Er vergleicht das Missionswerk mit einem Senfkorn, das einen gewaltigen Baum hervorbringen werde.

Pauline leidet sehr unter den Angriffen und Unterstellungen. Ihr wird bewusst, je mehr ihr Werk wachsen wird, umso mehr wird es angefeindet. Sie braucht einen stärkeren Schutz der kirchlichen Autorität. Sie scheut vor nichts zurück! Bald schreibt sie ihrem Bruder nach Paris: „Lieber Phil! Du musst helfen! Bitte deine Priesterfreunde in Paris, dass sie unseren Plan über die Glaubensverbreitung möglichst schnell dem Heiligen Vater zukommen lassen und er ihn anerkennt."

Philéas hat viele Bekannte, auch in Rom. Bald stellt sich heraus, dass die Situation in Frankreich dem Papst auch besonders am Herzen liegt. Es ist ein Glück im Unglück, denn Philéas kann tatsächlich erreichen, dass Papst Pius VII. vom Werk der Glaubensverbreitung erfährt und ihm seinen Segen erteilt. Die Nachricht schlägt in Lyon ein wie eine Bombe. Als man erfährt, dass der Heilige Vater gesagt hat, „dass das Vereinswerk wachsen und sich mehren soll", ändert sich der öffentliche Kurs schlagartig. Der Segen des Papstes hat den Durchbruch geschafft! Das Wachstum beschleunigt sich, die Mitglieder zeigen immer größeren Eifer – das Einzige, was jetzt fehlt, ist eine eindeutig klare Struktur und eine öffentliche Gründung. Seit der Gründung des Werkes im Jahre 1819 sind immerhin drei Jahre vergangen. Drei Jahre lang hatte man Gebete und Spenden gesammelt und nach Paris an die „Gesellschaft für die auswärtigen Missionen" überwiesen. Pauline war nicht nur die Gründerin, sondern auch die Geistliche Mutter des Werkes. Doch Gott wirkt oft Großes gerade durch Demut und Einsamkeit. So war es auch bei Pauline: Freilich wurde das Werk der Glaubensverbreitung gegründet – im Jahre 1822. Ohne Wissen und in Abwesenheit seiner größten Säule. Pauline war bei der offiziellen Gründung ihres Werkes nicht dabei ...

Papst Pius VII. (Papst von 1800 – 1823)

DAS WERK DER GLAUBENSVERBREITUNG

Am 3. Mai 1822 ist Pauline nicht in Lyon. Sie ist krank und hält sich in Saint Vallier auf. In ihrer Heimatstadt wirkt damals ihr guter Freund, Viktor Girodon. Er genießt volles Vertrauen unserer Pauline. In Lyon hielt sich gleichzeitig ein Priester aus den Vereinigten Staaten, Angelo Inglesi auf. Er war Generalvikar der Diözese Louisiana, sein Bischof Dubourg hatte ihn nach Europa geschickt, um Geld für die amerikanische Mission zu sammeln.

Um die Spendentätigkeit zu organisieren, wurde der Vertraute von Pauline, Viktor Girodon, zusammen mit wohlhabenden und angesehenen Männern der Stadt am 3. Mai 1822 zu einer Versammlung in das Lyoner Hotel Provence eingeladen. Dort sollte er berichten, wie der Missionsverein für die Glaubensverbreitung funktioniere. Sein Bericht stößt auf große Begeisterung. Kaum hatte er Paulines System von Gebet, Spende und der Werbung weiterer Mitglieder dargelegt, rufen alle: „Amen! So machen wir's". Die Einwände Girodons, dass das Werk nur zugunsten der Gesellschaft der auswärtigen Missionen sammelt, blieben erfolglos. Die Katholizität verpflichte uns, für alle zu sammeln: Für die Missionare im Süden, Westen und Osten. Schnell wird das Werk der Glaubensverbreitung geboren. Gleich wird auch beschlossen, dass dieses Werk ab nun von einem Zentralverwaltungsrat geleitet werden soll, bestehend aus sieben Mitgliedern. Es soll heißen „Association de la Propagation de la Foi", wörtlich: „Vereinigung für die Verbreitung des Glaubens". Die Herren verlangen, dass Pauline ihr Werk, das sie mit viel Mühe und Freude drei Jahre lang aufgebaut hatte, nun ihnen überlassen solle.[20]

---

20 Hier anzumerken ist, dass der US-Generalvikar von Louisiana, Angelo Inglesi, 2 Jahre später große Geldsummen veruntreut; sein Leben endet sehr fragwürdig. Sein Bischof Dubourg musste zurücktreten.

Als Pauline Jaricot diese Neuigkeit erfährt, schmerzt sie die Entwicklung sehr. Doch sie fügt sich – wie so oft in ihrem Leben – in den Willen Gottes.

Das Hotel Provence, in dem 1822 das Gründungstreffen des Werkes der Glaubensverbreitung stattfand

Sie sieht, dass sich auf diese Weise die Reichweite ihres Missionswerkes ausdehnen würde, dafür ist sie bereit zurückzutreten. Geflissentlich sammelt sie die ausständigen Beträge ein. In den Büchern der Gesellschaft der auswärtigen Missionen in Paris findet sich ihre letzte Einzahlung am 10. Dezember 1822 verzeichnet. In drei Jahren waren durch Paulines Initiative 7.959 Francs in die Kasse der Missions Étrangères geflossen. Jetzt übergibt sie alles dem Zentralverwaltungsrat des neuen Vereins. Was liegt ihr daran, dass ihr Name vergessen wird und sie nicht einmal im Protokoll erwähnt wird. Es war ihre Idee, die Idee eines Werkzeuges, das Gott erwählt hatte. Zumindest der Name „für die Verbreitung des

Glaubens“ ist sehr glücklich gewählt, darüber versucht sie sich zu freuen. Er knüpft an den Namen der römischen Kongregation „Propaganda Fide“, „für die Verbreitung des Glaubens“ an, die genau 200 Jahre zuvor in Rom gegründet worden war. Diese ist als Behörde des Papstes zur Unterstützung der Missionare auf der ganzen Welt entstanden. Jetzt gab es durch Pauline auch im Herzen Frankreichs ein solches Werk „für die Ausbreitung des Glaubens“!

Welche Kämpfe hat die junge Frau in den letzten drei Jahren dafür durchgestanden, welche Zurücksetzungen dafür ertragen! „Es genügt“, denkt sie, „dass Gott es weiß. Vor den Menschen suche ich keine Ehre, nur vor Gott will ich recht dastehen.“ So spricht sie ihr „Ja“. Es geschehe so, wie Gott es will! Pauline muss den Verlust noch durchleiden, sie gewinnt aber den inneren Frieden bereits im Moment ihrer inneren Zustimmung.

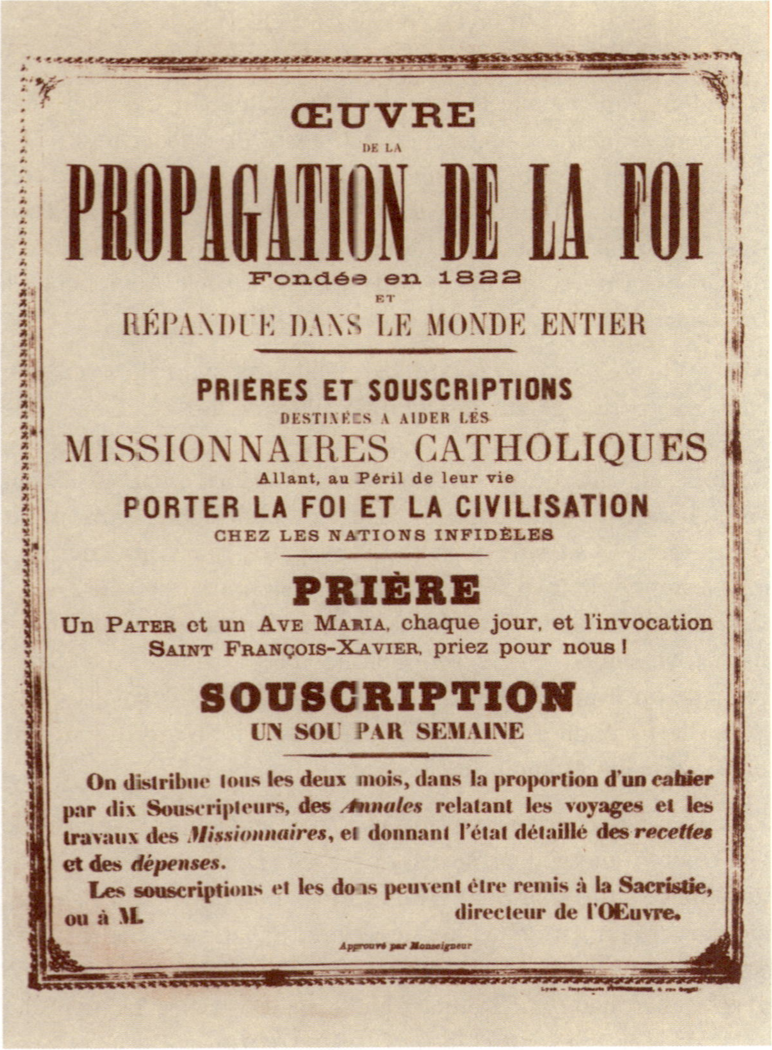

Werbeposter für das Werk der Glaubensverkündigung

ZURÜCKGEZOGEN

Nachdem Pauline alle bisherigen Aktivitäten für das Werk der Glaubensverbreitung abgegeben hat, bleibt ihr wieder mehr Zeit für die Familie. Tante Pauline ist sehr bei ihren Nichten und Neffen gefragt und immer zur Stelle, wenn sie gebraucht wird. Zwar sagt sie von sich: „Ich bin zu nichts zu gebrauchen" – und meint damit ihre Ungeschicklichkeit bei der Hausarbeit. Aber wenn es um Liebe und Fürsorge geht, kommt ihr keiner gleich.

Abbé Würtz, Paulines geistlicher Begleiter, sieht ihre Mission aber anders: die 23-jährige Pauline soll sich auf das Gebet, die Kontemplation und das Schreiben konzentrieren. Alle Werke der Barmherzigkeit, die sie im Krankenhaus „Hotel Dieu" geübt hat, verbietet er ihr. Dass dies der Seidenhändlertochter schwerfällt, daran erinnert sie sich noch 30 Jahre später. In einem Brief vom 24. November 1855 an Mutter Saint Laurent finden sich die Zeilen: „Zu meiner Schande muss ich gestehen, dass es mir sehr schwer fiel, zu verstehen, wie es sein konnte, dass Jesus, der die Nächstenliebe im Evangelium ausdrücklich gebietet, mir befahl, mich davon fernzuhalten. Vergeblich versuchte ich zu argumentieren. Ich musste die Augen schließen und gehorchen ..."[21]

Pauline versucht es aus tiefstem Herzen. Der Gehorsam kostet sie viel Überwindung, doch gerade durch ihre Demut und das Verlangen, alles zu tun, was dem Willen Gottes nun entspricht, schreibt sie tatsächlich ihr erstes kleines Werk. Es ist zwar nicht sicher, wann Pauline das Buch „L'Amour infini dans la divine Eucharistie" geschrieben hat – auf Deutsch hieße es „Die ewige Liebe in der

---

21 Pauline JARICOT, Lettres de Pauline Jaricot à la Mère Saint Laurent, Paris 2007, Lettre 69

göttlichen Eucharistie"[22]. Sicher ist, dass das Buch in Lyon und in der Umgebung für große Aufregung gesorgt hat: Pauline schreibt über die Eucharistie wie über ein Treffen mit dem Geliebten. Die Leser spüren, dass sie damit mehr bietet als nur bloßen Lesestoff. Sie öffnet ihr Herz – sie teilt sich mit, ja, sie teilt ihre doch so innige Beziehung mit dem Herrn mit. Sicherlich sind die Zeilen inspiriert von den Zeiten am Fuße des Tabernakels während der Anbetung des Allerheiligsten. Sie schließt: „Alles, was ich weiß, habe ich zu deinen Füßen gelernt, Herr."[23]

---

22 Ein Briefwechsel bezeugt, dass die erste Ausgabe aus dem Jahr 1822 und die 2. Ausgabe aus dem Jahre 1824 stammen.

23 „L'amour infini dans la divine Eucharistie" – „Die unendliche Liebe in der göttlichen Eucharistie" – erschien 1823 in Lyon; neu aufgelegt in Lyon 2005, wie in Paris 2018. Julia Maurin berichtet, dass das Büchlein Aufsehen erregte, niemand aber wusste, wer es verfasst hat. Die handschriftliche Ergänzung „Par Mlle Jaricot" („Durch Fräulein Jaricot") auf der Titelseite des Buches belegt dies. Siehe dazu: Jaricot Pauline, L'Amour Infini Dans La Divine Eucharistie: Ou Le Coeur de Jésus-Christ, Salut de l'Eglise, De la Société, Paris 2018.

DER LEBENDIGE ROSENKRANZ

Der Herr lässt Pauline bei ihren vertrauten Anbetungsstunden noch tiefer erkennen, dass alle ihre Werke mehr denn je auf dem Gebet gebaut werden sollten. Die demütigenden Umstände, unter denen das Werk der Glaubensverbreitung 1822 neu gegründet wurde, veranlassen Pauline keineswegs zum Rückzug. Sie engagiert sich umso mehr für „ihr" Werk. Sie bringt neue Ideen ein. So möchte sie, dass die Mitglieder des Missionswerkes selbst apostolisch wirken. Inspiriert dazu wird sie von Abbé Würtz. Er rät Pauline, dass die Mitglieder des Werkes der Glaubensverbreitung religiöse Gegenstände an die Leute verteilen sollen, um sie an ein Leben mit Gott zu erinnern. Die Wirren der Revolution und der nachfolgenden antikirchlichen staatlichen Maßnahmen hatten ja dazu geführt, dass in Frankreich viele Menschen den Glauben verloren haben. Das kirchliche Leben war ausgeblutet. Deshalb wäre es zu wenig, wenn nur für die Missionen in fernen Ländern gebetet und gesammelt wird. Man muss auch die Menschen in der Heimat durch ein wirksames Apostolat zu Gott führen.

Pauline folgt dem Rat ihres Beichtvaters. Sie ist ein Genie in der Umsetzung von Ideen ins praktische Leben. Erstmals gründet sie einen „Verein zur Verbreitung guter Bücher". Sofort findet sie in ihrer ältesten Schwester Sophie, die immer noch Mitinhaberin der Firma Perrin & Jaricot ist, eine eifrige Unterstützerin. Diese stellt die enorme Summe von 25.000 Francs zur Anschaffung von Büchern und Andachtsgegenständen zur Verfügung. Wieder greift Pauline auf die von ihr gegründeten Kreise zurück, um das Apostolat in Gang zu bringen: Es sind die „Réparatrices", die Versöhnerinnen des Herzens Jesu, die Arbeiterinnen von Saint-Vallier und die Blumenbinderinnen, die bereitwillig an der Verbreitung der Rosenkränze, Medaillen, Bibeln und Katechismen mitwirken.

Der Rosenkranz der Seligen Pauline Marie Jaricot

Einmal im Monat treffen sich die Mitglieder des neuen Vereins, der nun auch zur Erneuerung des Glaubens im eigenen Heimatland beitragen soll. Im Hintergrund steht auch, dass Papst Leo XII. 1824 in einer Enzyklika[24] besonders zur geistlichen Erneuerung aufgerufen hatte. Da wegen der politischen Repression der Kirche und des Papstes das Jahr 1800 nicht als „Heiliges Jahr" gefeiert werden konnte[25], sollte umso mehr das Jahr 1825 zu einem Jubiläumsjahr werden – vor allem durch Umkehr und Sühne. Pauline wollte so sehr dem Verlangen des Papstes entsprechen, dass der katholische Glaube in Europa erneuert werde und Wege gefunden werden, um die ganze Welt für Christus zu gewinnen.

Durch die ganze Kirche in Europa weht damals ein starker Wind des Aufbruchs. In den deutschsprachigen Ländern hatte die katholische „Romantik" ein überraschendes Wiedererstarken der Kirche gebracht. In Frankreich ist es die Begeisterung für die Mission, die zu einer neuen Dynamik des Christentums führt. Pauline ist von dieser Aufbruchsstimmung ganz ergriffen, ja sie ist selbst ein Motor des Aufbruchs. Sie weiß, dass die Macht des Gebetes die wichtigste Grundlage dafür ist, dass Mission und Glaubensverkündigung gelingen. Von Kindheit an hat sie die Gottesmutter Maria geliebt und ihr

---

24 Leo XII., Enzyklika Quod hoc ineunte vom 24. Mai 1824.

25 Papst Pius VI. starb am 29. August 1799 in französischer Gefangenschaft; die Wahl Papst Pius VII. fand erst im März 1800 statt.

im Marienheiligtum Fourvière „Unserer Lieben Frau“ ihr Leben anvertraut. Nun will sie mit dem Werk der Glaubensverbreitung den Rosenkranz fördern – auch wenn er damals im Volk fast gänzlich verschwunden war. Sporadisch wurde er noch in Klöstern gebetet, doch auch dort nahm die Praxis ab.

Pauline weiß, dass im Rosenkranz eine starke Kraft der Fürbitte steckt. Hatte nicht 1571 die ganze Christenheit den Rosenkranz inbrünstig gebetet, um die feindlichen Scharen unter der Fahne des Propheten Mohammed auf ihrem Eroberungszug nach Europa zu stoppen?! Hatte nicht der heilige Papst Pius V. nach dem überraschenden Seesieg über die Türken bei Lepanto 1571 das Rosenkranzfest eingeführt?! Pauline möchte nun, dass der Rosenkranz ganz speziell für die Missionen, für die Ausbreitung des Evangeliums, für die Bekehrung der Heiden gebetet wird. 60 Jahre später wird Papst Leo XIII. zwischen 1883 bis 1898 in mehreren Enzykliken die Fürbittkraft des Rosenkranzgebetes unterstreichen und den Rosenkranz als „das sicherste Hilfsmittel zur Erreichung übernatürlicher Ziele und zur Abwendung von Gefahren“ empfehlen. Pauline ist ihrer Zeit voraus: Schon 1826 erfindet sie eine neue Weise des Betens des Rosenkranzes, die den Namen „Rosaire Vivante“, „Lebendiger Rosenkranz“ erhalten wird. Die Idee ist einfach. Ein Rosenkranz besteht aus fünf „Gesätzchen“ zu je zehn „Gegrüßet seist Du Maria“. Jedes Mitglied des Werkes der Glaubensverbreitung soll täglich ein Gesätzchen beten, und zwar für je einen der fünf Kontinente. So ergeben fünf Gesätzchen zusammen einen ganzen Rosenkranz und umschließen somit die ganze Welt. Da eine Rose aus fünf Blättern besteht, bilden fünf Beter gleichsam eine Rose, die man der Muttergottes als Bitte um die Bekehrung der ganzen Welt schenkt.

Pauline trägt ihre Idee des Lebendigen Rosenkranzes bei der nächsten Monatsversammlung vor. Der Vorschlag wird gut aufgenommen.

Jede Fünfzehnergruppe wird durch eine Karte vereint. Fünfzehn Rosenblätter mit den Unterschriften der einzelnen Beter umgeben das Bild der Jungfrau Maria.

Freilich ist für Pauline eines ganz besonders wichtig: Dass alle, die beim Lebendigen Rosenkranz mitmachen, sich bemühen, weitere Beter zu werben. Während man beim Werk der Glaubensverbreitung je zehn neue gewinnen musste, steigert Pauline hier auf fünfzehn[26]! Das Prinzip der wöchentlichen Spende wird ebenfalls übernommen, sodass der Lebendige Rosenkranz faktisch mit dem Werk der Glaubensverbreitung verschmilzt. Die Mitglieder beten, spenden und werben neue Mitglieder. So wächst der Lebendige Rosenkranz sehr schnell.

Pauline ist inzwischen in kirchlichen Angelegenheiten genug erfahren, dass sie sich um die Approbation durch die kirchliche Autorität bemüht: Der damalige Administrator der Erzdiözese Lyon, Monsignore de Pins gibt seine Genehmigung und segnet den Neubeginn. Der Segen und die Bemühungen der jungen Pauline zeigen ihre Wirkung: Der Lebendige Rosenkranz gefällt den Gläubigen der damaligen Zeit sehr. Immer mehr beten mit, immer mehr begeistern sich dafür, die Mission durch ein Gesätzchen

26 Tatsächlich war die ursprüngliche Idee des „Lebendigen Rosenkranzes“ etwas komplexer, denn es gab zur damaligen Zeit drei Rosenkränze zu je fünf Gesätzchen. Daher organisierte Pauline das Gebet in Gruppen von 15 Personen, entsprechend der Anzahl der Rosenkranzgeheimnisse zu dieser Zeit. Jedes Mitglied einer solchen Gruppe verpflichtete sich, einen Monat lang ein Gesätzchen zu einem bestimmten Geheimnis zu beten und darüber zu meditieren. Auf diese Weise wurde durch die 15-köpfige Gruppe jeden Tag der ganze „Psalter“, also alle drei Rosenkränze gebetet. Zu Beginn eines neuen Monats wies der Gruppenverantwortliche den 15 Personen neue Gesätzchen zu. Dadurch wurde sichergestellt, dass die Gruppe jeden Monat das ganze Leben Christi in allen 15 Geheimnissen betrachtete. So diente das Rosenkranzgebet nicht nur der Mission der Kirche, sondern auch dem besseren Kennenlernen des Inhalts des Glaubens, weil ja die Beter über das Leben Jesu meditierten. Der Lebendige Rosenkranz verbreitete sich rasch. 1831 schrieb Pauline: „Die Gruppen von 15 Personen vermehren sich weiterhin mit unglaublicher Geschwindigkeit in Italien, der Schweiz, Belgien, England und verschiedenen Teilen Amerikas. Der Rosenkranz hat seine Triebe bis nach Indien und Kanada ausgestreckt.“ Paulines Hoffnung war, dass der Lebendige Rosenkranz Menschen auf der ganzen Welt im inbrünstigen Gebet für die Mission der Kirche vereinen würde. Tatsächlich war die Initiative des Lebendigen Rosenkranzes so erfolgreich, dass es beim Tod Paulines im Jahr 1862 mehr als 150.000 Gruppen zu je 15 Mitgliedern gab. Allein in Frankreich beteten 2,25 Millionen Menschen!

Rosenkranz und eine Geldspende zu unterstützen. Hier gilt ein Wort der seligen Theresia Gerhardinger, einer Ordensgründerin und Zeitgenossin von Pauline, „Alle Werke Gottes gehen langsam und leidvoll vor sich, dann aber stehen sie desto fester und blühen desto herrlicher".

Doch, auch herrliche Werke Gottes gehen den Weg des Leidens. Der Lebendige Rosenkranz breitet sich stark aus, Pauline erfährt leider ebenso stark innerkirchliche Angriffe. In einer Monatsversammlung unterstellt man ihr persönliche Ehrsucht und Bereicherung: „Warum ziehen sie aus dem neuen Gebetsverein so viel Eigennutz?!" Pauline schweigt – wie der Heiland vor Pilatus. Ihre Schwester Sophie hingegen hält die Ungerechtigkeit kaum aus. Sie spricht für Pauline: „Mein Herr! Wie kommen sie auf die Idee, dass sich meine Schwester und ich durch den Lebendigen Rosenkranz bereichern? Ich habe zu dessen Verbreitung 25.000 Francs gegeben in Form von Büchern und anderen Gegenständen, die wir verteilen. Und meine Schwester, die sie anklagen, hat ungezählte Summen investiert." Im Raum herrschte eine tiefe, angespannte Stille – doch gegen das Gift der Eifersucht braucht es stärkere Waffen als bloße Aufzählung der Fakten. Auch im Domkapitel zu Saint-Jean und beim General der Dominikaner stößt Pauline mit ihrer Gebetsbewegung „Der Lebendige Rosenkranz" auf Widerspruch. Die Dominikaner betreuen seit Jahrhunderten die Rosenkranzbruderschaften und fürchten die „Konkurrenz" einer jungen Frau.

Pauline wendet sich also an den Apostolischen Nuntius in Paris. Sie bittet Monsignore Luigi Emmanuele Lambruschini, den Stellvertreter des Papstes in Frankreich, ihr Vorhaben dem Heiligen Vater vorzutragen. Sie hat sogar die Möglichkeit, mit dem Nuntius persönlich zu sprechen, da dieser auf einer Reise nach Rom in Lyon Station macht. Es kommt zu einem Treffen mit dem „reichen Fräulein Jaricot", das ihm in der schlichten Kleidung einer

Dienstmagd gegenübertritt. Pauline erkennt intuitiv, dass Nuntius Lambruschini ein Mann des Glaubens ist. Er stammt aus dem Barnabitenorden und betet selbst viel. Er erkennt das Verlangen von Pauline, die Seelen für Gott zu gewinnen und kann der jungen Frau nichts abschlagen, was dem Geist des Gebetes doch so tief entspricht. Er segnet Pauline und verspricht ihr, ihr Anliegen dem Heiligen Vater vorzutragen.

Wie eifrig Pauline an der Verbreitung des Lebendigen Rosenkranzes arbeitet, beweist folgendes Beispiel: Sie hat den Bischof von La Rochelle gebeten, den Lebendigen Rosenkranz in seiner Diözese einzuführen. Der Bischof fragt sie spöttisch: „Mademoiselle, der Name Lebendiger Rosenkranz ist überaus merkwürdig. Ist denn der bisherige Rosenkranz tot?!" Schlagfertig antwortet Pauline: „Nein, Bischöfliche Gnaden!" Ein feines Lächeln huscht über ihr Gesicht: „Aber der Rosenkranz war eingeschlafen, und ich habe ihn aus dem Schlafe aufwecken wollen." Da lächelt der Bischof ebenfalls und gibt der Gebetsbewegung und ihrer Stifterin seinen Segen.

Mit ihrem Vertrauen auf die Kraft des Bittgebetes und mit ihrer Liebe zum Rosenkranz hat Pauline Jaricot einen Wunsch vorweggenommen, den die Muttergottes selbst wenige Jahre später äußern wird: 1858 bittet „die Unbefleckte Empfängnis" in Lourdes das 14-jährige Mädchen Bernadette Soubirous um das tägliche Gebet des Rosenkranzes. Und 1917 mutet „Unsere Liebe Frau" es in Fatima sogar den drei kleinen Hirtenkindern Lucia, Jacinta und Francisco zu, den Rosenkranz zu beten. Pauline hat die Werbung für den Rosenkranz schon 1826 zu ihrem persönlichen Herzensanliegen gemacht.

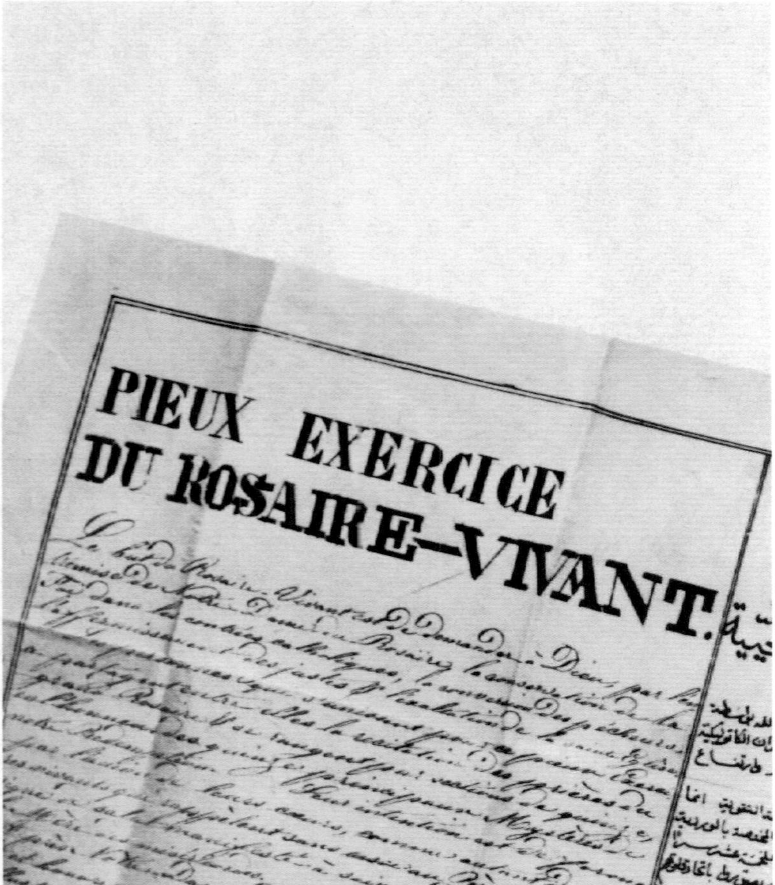
PIEUX EXERCICE
DU ROSAIRE-VIVANT.

Zeitschrift des „Lebendigen Rosenkranzes“

Kardinal Luigi Emmanuele Lambruschini, Apostolischer Nuntius in Frankreich und späterer Protektor des Lebendigen Rosenkranzes in Rom

DER SENSENMANN

Vielleicht galt es für Pauline auch als ein Zeichen von Gott, dass ihr geistlicher Leiter, Abbé Jean Würtz, gerade am 1. Oktober 1826, am Fest des heiligen Rosenkranzes zu Gott hinübergegangen ist.[27] Sinnend und betend steht Pauline vor dem aufgebahrten Leichnam ihres Seelenführers. Abbé Jean Würtz hatte in den Morgenstunden des 1. Oktober 1826 zum letzten Mal die heilige Messe gefeiert. Er hat sein Leiden und seine Schmerzen geistlicherweise mit auf die Patene gelegt und dem Herrn aufgeopfert. Dann hat der Herr über Leben und Tod sein Lebensopfer angenommen; noch am selben Tag war er im Alter von nur 61 Jahren hinübergegangen. Eigentlich sollte er am Tag des Rosenkranzfestes auf seinen Posten in Saint-Nizier zurückkehren. Gott fügte es anders.

Pauline hatte sich acht Monate lang in sorgender und dankbarer Liebe um ihren geistlichen Führer gekümmert und ihn auf dem Landgut Collonges immer wieder besucht und gepflegt. Nun spürt die 27-Jährige eine große Leere. Der Verlust schmerzt sie sehr. Dem heiligmäßigen Priester verdankt sie ja alles, was in ihrem Leben wertvoll ist, insbesondere ihre Bekehrung. Welches Vorbild hat ihr Abbé Würtz noch in den vergangenen Jahren seiner Krankheit gegeben! Nach einem Schlaganfall konnte er nur schwer sprechen; die kirchliche Obrigkeit hatte darum veranlasst, dass er nicht mehr in seine Pfarre zurückkehren durfte. Gehorsam und klaglos ertrug er es, abgeschoben zu werden. Demütig nahm er alle Pflegedienste an. Diese Demut, die Königin aller Tugenden auf dem Weg zu Gott, wollte Pauline von ihm lernen.

Nachsinnend klingen die Worte des Abbé Würtz in ihrem Herzen: „Dir, armes liebes Kind, überlasse ich Jesus Christus, die heilige

27 Das Rosenkranzfest wurde früher am 1. Sonntag im Oktober begangen. Der 1. Oktober 1826 war ein Sonntag. Erst 1913 legte die Kirche das Fest auf den 7. Oktober.

Kirche und die Seelen, denen zu dienen ist und die zu lieben sind, sowie die Demut, die du üben sollst." Mit zitternder Stimme hatte er dies kurz vor seinem Sterben gesprochen. „Dir überlasse ich Jesus Christus ..."[28]

Die Tage nach dem Tod des geliebten Abbé sind hart für Pauline. Sie würde am liebsten in Collonges bleiben. Trost findet sie in der eucharistischen Anbetung vor dem Allerheiligsten Sakrament. Dort findet sie Jesus, den sie von ganzem Herzen liebt. Doch dann heißt es für sie, wieder nach Lyon zurückzukehren. Ihr Vater, Antoine Jaricot, tut Pauline einen großen Gefallen. Auch er hat Abbé Würtz geschätzt. So lässt er den Priester nach Lyon überführen und in der eigenen Familiengruft auf dem Friedhof Loyasse neben seiner Frau Jeanne und seinem Sohn Narzisse bestatten.

Pauline konnte würdig und andächtig Abschied von ihrem Seelenführer nehmen, doch eine Sorge musste sie noch lösen: Sie hatte nun keinen geistlichen Begleiter mehr. Abbé Würtz war ja nicht nur ihr geistlicher Vater gewesen, sondern zugleich auch ein praktischer Ratgeber für ihre Unternehmungen. „Welchem Priester kann ich mich jetzt anvertrauen?" fragte sie sich an der Bahre des Verstorbenen. Da kommt ihr in den Sinn: „Gibt es nicht in dem kleinen Dorf Ars im Süden von Lyon einen anderen heiligmäßigen Priester, den Pfarrer von Ars?!" Von seiner Einfachheit wurde ihr schon viel berichtet. „Könnte ich nicht auch zu ihm gehen wie die vielen Menschen, die zu ihm zur Beichte strömen?!"

Pauline braucht diese geistliche Stütze, denn die Kämpfe in ihrer Heimatstadt gehen weiter. Der Widerstand des Domkapitels von Lyon gegen den missionarischen Eifer Paulines wächst. Auch ihr Bruder Philéas hat mit Schwierigkeiten zu kämpfen. Am 20. Dezember 1823 hatte er die Priesterweihe empfangen. Danach

28 Vgl. CATHERINE MASSON, Pauline Jaricot (1799 -1862), S. 216

wurde er zum Krankenhaus-Seelsorger in Paris, im Hospital de La Charité ernannt. Sein großer Wunsch geht also nicht in Erfüllung: Zu gern wäre Philéas Jaricot als Missionar nach China gegangen. Seine schwache Gesundheit lässt es nicht zu. Immerhin sendet man ihn schließlich als „Missionar" in seine Heimatstadt Lyon.

Am Silvesterabend 1826 eröffnet er seiner Familie, dass er zum Oberpfarrer im Hôtel Dieu, dem größten Krankenhaus von Lyon, ernannt wurde. Dort wird er sämtliche Leitungsvollmachten besitzen. In jenem großen Krankenhaus, das am Westufer der Rhône liegt, hatten sich seit der Französischen Revolution große Missstände eingeschlichen. Sein Vorgänger Abbé Villecourt war zu schwach, um diese zu beseitigen. Philéas übernimmt also eine dornenvolle Aufgabe. Entschlossen beginnt er sofort, die religiösen und moralischen Missstände zu bekämpfen. Den verweltlichten Krankenschwestern erklärt er, dass sie in jedem Kranken Christus erkennen müssen. Und sie müssen mit den Kranken „christlich" – also liebevoll – umgehen. Philéas findet heraus, dass es finanzielle Unterschlagungen und eine verbrecherische Misswirtschaft in der Küche und in der Verwaltung gibt. Er greift streng durch und verwarnt die Angestellten des Hôtel Dieu. Wenn sie nicht bereit sind, sich zu ändern, droht er ihnen als oberster Dienstherr die Entlassung an. Darüber hinaus nimmt er neue Schwestern als Krankenpflegerinnen in Dienst. Er sondert sie von den bisherigen Krankenpflegerinnen ab, damit die neuen nicht dem verderblichen Einfluss der Alteingesessenen unterliegen. Für die neuen Schwestern mietet er auf dem Hügel Fourvière – neben der Marienkapelle – ein Haus und bietet ihnen dort eine Unterkunft an. Mit Hilfe von Pauline richtet er in dem Haus für die jungen Mädchen eine Art Noviziat ein. Der neuen geistlichen Schwesterngemeinschaft gibt er den Namen „Soeurs du Bon-Secours", also „Schwestern von der Guten Hilfe". Doch dies bringt ihm in den nächsten drei Jahren nur Drohungen und Verleumdungen ein. Darunter leidet auch immer mehr die Gesundheit von Philéas ...

Nach einiger Zeit befallen den Priester Jaricot heftige Schmerzen. Die Symptome sind mysteriös und können von den Ärzten nicht erklärt werden. Philéas überlegt sogar: „Sollten sie mich vergiftet haben?" Er muss sich zurückziehen und auskurieren. Dank der aufopferungsvollen Pflege durch Pauline, sowohl daheim in Lyon als auch auf dem Landgut Collonges-au-Mont-d'Or, wird Philéas wieder gesund. Er bleibt jedoch geschwächt. Alle raten ihm ab, seine Tätigkeit als Oberpfarrer im Hôtel Dieu wieder aufzunehmen, auch seine besorgte Schwester. Doch Philéas antwortet: „Ich habe mich ganz ohne Vorbehalt Jesus geschenkt und den Armen, die er so innig liebte. Ihnen will ich bis an mein Ende dienen!" So kehrt er in das Spital zurück, um sein Reformwerk fortzusetzen.

Gott nimmt aber das Lebensopfer von Philéas an. Es ist der 26. Februar 1830, als ein getreuer Krankenpfleger zu den Jaricots, in die Rue Puits-Gaillot eilt. Aufgeregt ruft er Pauline entgegen: „Schnell, kommen sie bitte schnell ins Hôtel Dieu! Ihr Bruder stirbt!" In Windeseile läuft Pauline ins Spital. Sie findet ihren Bruder zusammengesunken in einem Lehnstuhl vor. Es ist offensichtlich, dass er schwer krank ist. Mit schwacher Stimme flüstert er: „Pauline, ich glaube, dass man mich zum zweiten Mal vergiftet hat. Dieses Mal ist die Dosis so stark, dass sie tödlich wirken wird. Pauline, ich habe mich in den Willen Gottes ergeben und bin bereit zu Ihm zu gehen. Wie Gott will!" Kurze Zeit danach stirbt Philéas.

Es ist sein letzter Wunsch, dass er nicht auf dem noblen Friedhof Loyasse begraben wird, wo sich das Familiengrab der Jaricots befindet. Er möchte neben seinen Kranken, die er so geliebt und für die er letztlich sein Leben gegeben hat, seine letzte Ruhe finden. Dem Wunsch trägt die Familie Rechnung. Philéas Jaricot wird in einem kleinen, bescheidenen Friedhof namens Cimetière de la Madeleine begraben.

Pauline empfindet eine große Leere. Bereits ein halbes Jahr vorher, im Oktober 1829, hatte sie ihre Schwester Marie-Laurence in Saint-Vallier verloren. Als diese den Tod nahen spürte, bat sie Pauline um ihren Beistand in der Sterbestunde. Marie-Laurence war nur 37 Jahre alt geworden und hinterließ sechs Kinder. Auch Philéas bat Pauline vor seinem Sterben noch um einen großen Gefallen: Sie möge für seine „Schwestern von der Guten Hilfe“ sorgen. Nun hatte sie zwei ihrer Geschwister, die ihr immer Stütze und Ratgeber waren, Schlag auf Schlag verloren. Wie sollte es ohne den geliebten Philéas, der ihr als Bruder und Priester so innig verbunden war, weitergehen?! Pauline wusste es nicht. Doch auch in der größten Dunkelheit und Leere blieb ihr Wunsch aufrecht: Das Leben ganz Gott hinzugeben – selbst wenn sie dabei ganz allein bleibt. Pauline wusste: Weder Bedrängnis, noch Not, Verfolgung, Hunger oder Kälte, Gefahr oder Schwert – nichts kann sie von der Liebe Christi scheiden, die sie in ihrem Herzen doch so tief erkannt hat.

STÜRMISCHE ZEITEN

Diese Erkenntnis ließ sie in ihrem Herzen weiterbestehen, auch als das Jahr 1830 eine zweite Revolution brachte: Nach Napoleon hatte sich wieder das alte Königshaus der Bourbonen etabliert. Schritt für Schritt wollte man die alten Zustände vor der Französischen Revolution, die bereits 41 Jahre zurück lag, wiederherstellen. Doch irgendwann war es den Arbeitern, den Studenten und Handwerkern zu viel und es kam zur sogenannten Julirevolution, die am 27. Juli 1830 in Paris ausbrach und in kurzer Zeit ganz Frankreich erfasste. Schlussendlich wurde ganz Europa von der explosiven Stimmung erfasst und es kam überall zu Aufständen und Revolten. Dabei ging es nicht nur um die Privilegien des Adels oder die Pressefreiheit: Durch die industrielle Revolution war eine ganz neue Lage entstanden, die zu einer Ausbeutung weiter Gesellschaftsschichten führte, da man noch keine Gesetze für eine gerechte Lebensordnung der Arbeiterschaft entwickelt hatte. Entsprechend heftig waren die Kämpfe, die mit Waffengewalt geführt wurden. Die Julirevolution endete mit der endgültigen Abdankung der Bourbonen. König Karl X. musste gehen. An seiner Stelle wurde der „Bürgerkönig" Louis Philippe eingesetzt und die „Zweite Französische Republik" ausgerufen.

Im Sommer 1830 wird auch in Lyon gekämpft, es herrscht Aufstand und Chaos. Pauline sucht Zuflucht in der Marienkapelle von Fourvière. Von überallher ist Kanonendonner zu hören, Schreie und Schüsse. Drei Tage und Nächte betet sie vor dem Tabernakel. Sie bietet Gott ihr Leben an und bittet ihn, für den Frieden sterben zu dürfen. Doch da steht in einem Traumgesicht plötzlich Abbé Würtz vor ihr und spricht: „Pauline, mein Kind, soll das Martyrium des Herzens dir nicht genügen?!" Pauline begreift. Gott hat etwas anderes mit ihr vor als einen frühen Tod.

Im Sommer 1830 versinkt Lyon im revolutionären Chaos.

Und doch wird Pauline gerade in dieser Zeit schwer krank. So krank, dass sie drei Monate lang zwischen Leben und Tod schwebt. Es dürfte eine Herzkrankheit sein, die durchbricht und sie auf das Bett niederwirft. Dazu kommt, dass sie Blut erbricht und über Tage keine feste Nahrung zu sich nehmen kann. Und dann überzieht sich ihr Körper mit einem rotfleckigen Hautausschlag: Sie bekommt das gefürchtete Fleckfieber, das man damals auch Kriegspest oder Faulfieber nannte. Eine schwere Infektion, die dem Typhus ähnlich ist. Pauline ist so elend, dass sie sich dem Tode nahe fühlt. Auch ihre Familie rechnet mit dem Schlimmsten, es scheint keine Rettung mehr zu geben. Man liefert sie in das Krankenhaus von Saint-Charles. Welche Freude hat die Schwerkranke, als man sie in einem Zimmer direkt neben der Kapelle unterbringt! Sie bereitet sich auf den Tod vor.

Am Tag Mariä Himmelfahrt, 15. August 1830, besucht sie Kanonikus Betemps, der Vorsteher der Gesellschaft des Lebendigen Rosenkranzes in Lyon. Der Priester setzt sich an das Bett von Pauline und sagt: „Wir brauchen Sie noch. Ich habe soeben die Heilige Messe zu Ehren der Muttergottes für Sie gefeiert. Nun müssen auch Sie etwas tun und eine neuntägige Andacht, eine Novene, beten. Sie müssen beten, dass sie wieder gesund werden!" Diesen Auftrag des Priesters nimmt Pauline gehorsam an und beginnt noch am selben Tag, die Novene für sich selbst zu beten. Gott erhört das Gebet. Pauline schreibt es der Fürsprache der Gottesmutter Maria zu, dass sie wieder gesund wird. Kaum kann sie das Bett verlassen, pilgert sie hinauf auf den Hügel Fourvière, um sich in der Marienkapelle zu bedanken. Gleich danach unternimmt sie eine weitere Wallfahrt: eine Reise nach Lalouvesc, hundert Kilometer südwestlich von Lyon. Dort befindet sich das Grab des heiligen Jesuitenmissionars Franz Regis und Pauline entschließt sich, einige Zeit im Pilgerheim zu bleiben. Bei den „Soeurs de la Retraite", den „Schwestern von der geistlichen Besinnung", verweilt sie im Gebet und in geistlichen Übungen. Pauline erholt sich zusehends und schöpft Kraft für das Kommende.

Gestärkt kehrt sie nach Lyon zurück, wo ihre Familie sie sehnsüchtig erwartet. Dass sich in der Zwischenzeit neue Schwierigkeiten eingestellt haben, weiß sie noch nicht. Durch das Chaos der Juli-Revolution waren im Hôtel Dieu die alten Missstände wieder eingerissen, gegen die ihr verstorbener Bruder Philéas so sehr gekämpft hatte. Der neue Priester, der für das Spital zuständig ist, beschließt, die Schwesterngemeinschaft, die sein Vorgänger gegründet hatte, aufzulösen. Sie gelten ihm als unnütz, ihr Unterhalt ist ihm zu kostspielig. Wieder ist Pauline gefordert, denn sie hatte ja ihrem Lieblingsbruder auf dem Sterbebett das Versprechen gegeben, sich um die „Soeurs du Bon Secours" zu kümmern. Pauline handelt sofort und bittet ihre Schwester Sophie, ein kleines ärmliches Haus zu kaufen, das „Maison Dalin". Es kostet immerhin die stolze Summe von 60.000 Franken. Hier finden die sechs Schwestern, die das Hôtel Dieu verlassen müssen, ein neues Zuhause. Pauline hat auch einen passenden Namen für diese Unterkunft. Es soll „Haus Nazareth" heißen. Eine innere Stimme rät ihr, der Gemeinschaft auch eine Satzung zu geben, darum gründet sie die „Gesellschaft Mariä". Sie selbst übersiedelt in das Haus Nazareth und bildet fortan mit den sechs Schwestern eine kleine Gebets- und Arbeitsgemeinschaft. Im Laufe der Zeit zeigt sich, dass alles von Gott gefügt ist, denn das „Haus Nazareth" wird zur ersten „Einsatzzentrale" für die Verbreitung des Lebendigen Rosenkranzes.

Auch beim Lebendigen Rosenkranz geschieht wieder etwas Wunderbares: Am 2. Februar 1831 wird Papst Gregor XVI. zum Papst gewählt. Er erhebt den bisherigen Nuntius in Frankreich, Luigi Lambruschini, zum Kardinal. Ja, er macht ihn sogar zum Staatssekretär. Pauline hatte schon in Lyon den Segen von Monsignore Lambruschini erhalten. Nun ist er als Kardinalsstaatssekretär in

Rom in der Position, auch die päpstliche Anerkennung zu erwirken. So geht ein „Breve“ aus dem Vatikan nach Lyon, adressiert an das Domkapitel der Kathedrale Sain-Jean in Lyon. Papst Gregor XVI. anerkennt und segnet den „Lebendigen Rosenkranz“. Die Domkapitulare lassen jedoch die päpstliche Gutheißung in den Schubläden verschwinden. Pauline Jaricot, die Stifterin des Lebendigen Rosenkranzes, erhält keinerlei Nachricht.

In der ersten Hälfte des 19. Jahrhunderts ist Lyon das wichtigste und größte Industriezentrum Frankreichs. Um 1830 hat Lyon etwa 165.000 Einwohner, davon sind etwa 30.000 sogenannte „Canuts“, also Arbeiterinnen und Arbeiter, die in der Seidenfabrikation beschäftigt sind. Die sozialen Zustände sind dennoch katastrophal. Vom Erlös der Seidenweberei profitieren ausschließlich die Fabrikbesitzer und die Händler. Die Seidenweber hingegen leben unter härtesten Bedingungen: Sie müssen sechs Tage in der Woche arbeiten, die Arbeitstage sind lang und dauern bis zu 12 Stunden, die Entlohnung ist schäbig. Die Canuts fühlten sich zu Recht ausgebeutet. Sie leben unter menschenunwürdigen Bedingungen. Seit Jahren fordern sie einen Mindestlohn, da ihre Löhne trotz guter Wirtschaftslage nicht hinaufgesetzt, sondern hinuntergeschraubt werden. Die Unternehmer lehnen Lohnerhöhungen kategorisch ab. So wollen sich die Canuts einen Mindestlohn und bessere Arbeitsbedingungen erkämpfen, und zwar mit der Niederlegung der Arbeit.

Am 21. November 1831 beginnt der erste Streik der Canuts, die Revolte wird eine Woche dauern. Es kommt zu Demonstrationen, Barrikaden werden errichtet, die Gendarmerie feuert Schüsse ab, bald gibt es mehrere Tote. Die rebellierenden Canuts ziehen in Haufen durch die Straßen. Sie tragen eine schwarze Fahne mit der Aufschrift „Vivre en travaillant, ou mourir en combattant. – Leben durch Arbeit oder sterben durch Kampf.“ Das Rathaus wird eingenommen, die Kaserne erobert und deren Waffenkammer geplündert. Armee und Nationalgarde schreiten ein, die Lage eskaliert. In einer Schlacht werden die Canuts schließlich besiegt: Der Blutzoll ist hoch. Es gibt über 100 Tote und 263 Verletzte seitens der Soldaten, sowie weitere 69 Tote und 140 Verletzte seitens der Zivilisten. 10.000 Menschen waren aus der Stadt geflohen.

Pauline war geblieben! In den Tagen des ersten Aufstands der Canuts nimmt Pauline im Haus Nazareth Zuflucht zum Gebet. Sie weiß, dass sie mit dem Gebet der inzwischen 200.000 Mitglieder des „Lebendigen Rosenkranzes" eine machtvolle Waffe in Händen hält. Eine Waffe, mit der nun übernatürlich für Gerechtigkeit und Frieden gekämpft werden soll. Pauline ruft sie zum Rosenkranzgebet auf; mit ihren vielen Helferinnen verbreitet sie Gebetszettel und „wunderbare Medaillen", um den Frieden zu erlangen.

Am 24. November endet die Revolte. Die Unternehmer geben in einigen Bereichen nach, die Arbeitsbedingungen werden etwas verbessert, die Löhne hinaufgesetzt. Die 90 festgenommenen Arbeiter werden inhaftiert, ein paar Monate später aber ohne Verurteilung freigelassen. Immerhin kehrt Ruhe ein, auch wenn die Situation der Canuts weiterhin erbärmlich ist. Drei Jahre später wird ein zweiter, heftigerer Aufstand folgen. Auch dann verharrt Pauline im Gebet. Sie ist immer wieder krank und ans Bett gefesselt. Aus Rom trifft ein zweites Breve von Papst Gregor XVI. ein, das den Lebendigen Rosenkranz approbiert. Auch dieses wird vom Domkapitel unterschlagen und erreicht Pauline nicht. Abermals schreibt sie an Kardinalstaatssekretär Luigi Lambruschini. Dieser übernimmt nun persönlich als Kardinal das römische Protektorat, also eine Art Schutzherrschaft, über den Lebendigen Rosenkranz. Am 2. Februar 1832 kommt das dritte Breve des Papstes nach Lyon. Diesmal ist es nicht an das Domkapitel, sondern an den Pfarrer von Pont-de-Beauvoisin in den Savoyer Bergen adressiert. Man hat zur Vorsicht einen Priester außerhalb des Einflusskreises der Domkapitulare gewählt. Pauline kann zwar krankheitsbedingt erst Monate später in die Savoyer Berge reisen, um das päpstliche Schreiben abzuholen – doch sie weiß nun: Sie steht unter dem Schutz des Nachfolgers des Heiligen Petrus! Was kann ihr Besseres passieren?? Am 16. August 1832 präsentiert sie das Breve des Heiligen Vaters allen Domherren in Lyon. Jetzt müssen sie ihren Widerstand und ihre Eifersucht aufgeben. Kanonikus Jean-François Bétemps, ein hochrangiger Priester, wird zum ersten geistlichen Direktor des Lebendigen Rosenkranzes für den Bereich der Erzdiözese Lyon bestellt. Paulines Herz wird ruhiger. Sie weiß jetzt: Es kann weitergehen – und es wird weitergehen. Mit dem Segen des Papstes kann Pauline das Feuer entzünden!

Papst Gregor XVI. (Papst von 1831 – 1846)

Pauline sagt von sich: „Ich war nur das Streichholz, welches das Feuer entzündete.“ Doch dieses Feuer brennt sehr rasch und verbreitet ein helles Licht in der Kirche und in der Welt. Das System des täglichen Gebetes eines Gesätzchens des Rosenkranzes, der wöchentlichen Spende für die Weltmission und der ständigen Werbung neuer Mitglieder ist genial. Drei Jahre später, 1834, zählt der Lebendige Rosenkranz in Frankreich bereits eine Million Anhänger. Beim Tod von Pauline Jaricot im Jahre 1862, werden es bereits 2,25 Millionen registrierte Beter sein. der Lebendige Rosenkranz wird zahlreiche Menschen für das Gebet für die Weltmission inspirieren. Pauline kann noch nicht ahnen, dass ihre Rosenkranzbewegung auch Heilige hervorbringen wird! Nur ein paar Jahrzehnte später wird ein kleines Mädchen aus Lisieux namens Thérèse auch beim Lebendigen Rosenkranz mitmachen. Sie ist als heilige Thérèse von Lisieux (1873 – 1897) in die Geschichte eingegangen. Die Liebe der „kleinen Thérèse“ zur Mission wurde schon in ihrer Kindheit durch den Lebendigen Rosenkranz entzündet. Heute ist diese heilige Karmelitin die offizielle „Patronin der Weltmission“.

MAISON DE LORETTE – EIN NEUES DAHEIM

Die schnell anwachsende Gebetsliga braucht aber auch eine größere Einsatzzentrale, das Haus Nazareth ist zu klein geworden. Pauline ist vermögend. 1832 erwirbt sie von der Familie Frèrejean ein altes Haus, das über einen großen Park und einen Weg verfügt, der direkt zum Marienheiligtum auf dem Fourvière-Hügel führt. Dorthin geht sie in Prozession mit der kleinen Gesellschaft der „Soeurs du Bon Secours" am hohen Fest der Himmelfahrt Mariens, 15. August 1833. Noch einige andere Mitglieder des Lebendigen Rosenkranzes und ein paar treue Arbeiterinnen haben sich mittlerweile angeschlossen. Pauline nennt das Zuhause „Maison de Lorette".

Das von Pauline 1832 erworbene Haus, die „Maison de Lorette".

Lorette ist der französische Name des italienischen Marienheiligtums Loreto. Dort verehrt man ein altes Haus als das Haus der Heiligen Familie in Nazareth, das der Legende nach Engel nach

Italien getragen haben sollen. Paulines Maison de Lorette liegt idyllisch über den Dächern von Lyon und ist umgeben von einem Park, der zur Ruhe und Betrachtung einlädt. Die Sicht auf die Stadt Lyon ist atemberaubend. Dort befindet sich sogar noch ein unterirdischer Gang aus der Zeit der Römer, denn auf dem Hügel Fourvière befand sich in der Antike das römische Kastell. Dort starben zur Zeit der Christenverfolgung auch viele Christen als Märtyrer wie etwa der heilige Pothinus, der erste Bischof der Stadt; ebenso sein Nachfolger, der heilige Irenäus von Lyon.

Herzstück im Maison de Lorette ist die Kapelle. Welche Freude für Pauline und ihre Gemeinschaft, als sie von der kirchlichen Autorität die Erlaubnis erhalten, das Allerheiligste in der Hauskapelle aufzubewahren. Am 7. Oktober 1833, dem Rosenkranzfest, ist es soweit: Im Allerheiligsten Sakrament wohnt der Herr selbst fortan im Tabernakel der Kapelle. Pauline ist überwältigt von Glück und schreibt darüber: „Am Rosenkranzfest empfing unsere bescheidene Kapelle zum ersten Mal denjenigen, der den Himmel und die Erde zur Wohnung hat ... Ich habe versprochen, dass ich den Heiland niemals allein lassen werde. Ich habe gelobt, dass wir alle, die wir hier arbeiten, uns stets bemühen werden, unsere Herzen mit seinem göttlichen Herzen zu vereinigen. Wie er das Haus mit uns teilt, so sind wir bereit, seine Freuden und seine Schmerzen zu teilen." Abbé Henri Rousselon[29] wird Hausgeistlicher. Und wie glücklich ist Pauline, dass sie selbst das kleine Zimmer direkt neben der Kapelle bewohnen darf.

Pauline will bis ins kleinste Detail zum Ausdruck bringen, dass die eigentliche Herrin des Hauses die Gottesmutter selbst ist. Als Pauline und ihre Schwestern in die Maison de Lorette einziehen, legt sie den Schlüssel zu Füßen einer Statue der Unbefleckten Jungfrau nieder. Über dem Eingang des Hauses lässt sie daher

---

29 Abbé Henri Rousselon (1798–1869)

die Inschrift anbringen: „Maria ohne Sünde empfangen“. Diese Anrufung Mariens geht auf die Erscheinung der Gottesmutter 1830 in der Rue du Bac in Paris zurück. In Paris hatte die Unbefleckte Jungfrau in den Visionen die junge Ordensfrau Katharina Labouré gebeten, Medaillen mit ihrem Bild prägen zu lassen, die dann nicht nur sehr schnell verbreitet wurden, sondern auch bald aufgrund vieler Wunder als „die Wunderbare Medaille“ bekannt wurden. Auf ihr ist Maria mit ausgebreiteten Armen zu sehen, aus ihren Händen strömen Strahlen der Gnade. Die Umschrift um dieses Bild auf den Medaillen lautet: „O Maria, ohne Sünde empfangen, bitte für uns, die wir zu dir unsere Zuflucht nehmen.“ Erst am 8. Dezember 1854 wird Papst Pius IX. auch feierlich verkünden, dass es eine von Gott geoffenbarte Wahrheit ist, dass Maria ohne Makel der Erbsünde empfangen ist. Dass sie die Vollerlöste, die „Unbefleckte Empfängnis“ ist.

Pauline lebt ganz aus einer kindlichen Liebe zu Maria; sie vertraut vollkommen auf die Fürbitte der Gnadenvollen. Die Maison de Lorette, ihr eigenes Leben, ihr Apostolat und alles, was sie ist und hat, legt sie Maria zu Füßen.

Vielleicht ist das der eigentliche Grund, warum die Maison de Lorette so schnell wächst und so fruchtbar wird. Sofort interessieren sich weitere junge Mädchen für das geistliche Leben. Mit den sechs Krankenschwestern ihres Bruders, den „Soeurs du Bon Secours“ ist Pauline eingezogen. Schon melden sich vier weitere junge Damen, die eintreten wollen. Jetzt muss auch ein anderer Name her. Pauline nennt ihre geistliche Familie einfach „Töchter Mariens“. Die jungen Mädchen tragen kein Ordensgewand. Sie leben nicht verborgen im Kloster, also „in Klausur“, sondern arbeiten aktiv in der Öffentlichkeit. Auch verpflichten sie sich immer nur auf ein Jahr. In der Hausgemeinschaft beten sie täglich anstelle des

Breviers den Rosenkranz, feiern täglich die Heilige Messe mit und empfangen die Heilige Kommunion.

Die von Pauline Jaricot in „Maison de Lorette“ errichtete Kapelle.

Außerdem beten sie regelmäßig den Kreuzweg und halten eucharistische Anbetung vor dem Allerheiligsten. Alles ist schlicht und einfach, zugleich sauber und geordnet. Die „Töchter Mariens" arbeiten außerhalb in der Krankenpflege. Und in der Maison de Lorette arbeiten sie für den Lebendigen Rosenkranz, helfen beim Schriftenapostolat und unterstützen Pauline durch jede Form von Hilfstätigkeiten. Pauline hat die Idee, eine regelmäßige Zeitschrift herauszugeben, die sie „Annalen" nennt. In den Annalen veröffentlicht sie Informationen aus den Briefen ihres verstorbenen Bruders Philéas und Erlebnisse von Missionaren aus der weiten Welt. Diese Berichte wecken großes Interesse an der Weltmission und finden weite Verbreitung. Das Erstellen und Versenden der Annalen erfordert aber viele helfende Hände. Ab 1834 werden im Haus Nazareth dann auch unheilbar Kranke aufgenommen, die von den Töchtern Mariens liebevoll gepflegt werden.

Immer mehr Gäste klopfen an die Pforte der Maison de Lorette. Sie bitten um ein gutes Wort, um einen kleinen Dienst, um ein Stück Brot, ein liebes Andenken oder um Fürbitte bei Gott in ihren Sorgen und Nöten. Aus der ganzen Welt treffen Dankesbriefe von Missionaren ein. Sie danken für die empfangene Hilfe und berichten von ihrem Wirken in der weiten Welt. Pauline Jaricot steht mit vielen in engem Briefkontakt und führt eine unglaublich umfangreiche Korrespondenz. Die Maison de Lorette ist zu einem Zentrum der Weltkirche geworden.

Eines Morgens läutet es um fünf Uhr an der Pforte der Maison de Lorette. Eines der Mädchen öffnet: „Was kann ich für sie tun? Sind sie Missionar?" Sie erkennt den Erzbischof Monsignore Jean Paul Gaston de Pins nicht, der gerade im benachbarten Marienheiligtum Fourvière die Heilige Messe gefeiert hat. Anders als sonst kam er wie ein einfacher Priester gekleidet. Er möchte Pauline einen Besuch abstatten. „Nein, meine Tochter, ich bin nicht Missionar. Ich wohne dort unten, ganz nahe beim Dom." Die Pförtnerin begreift noch immer nicht, wer vor ihr steht. „Dann, Herr Pfarrer, können sie unsere Mutter nicht sprechen, denn sie ist in der Früh immer sehr beschäftigt und betet gerade." Da lächelt der Erzbischof und verabschiedet sich höflich. Erst an der Treppe begegnet ihm der Hausgeistliche, der ihn sofort erkennt und das Missverständnis aufklärt. Auf diese Weise kommt es in den Morgenstunden doch noch zu einer frohen Begegnung zwischen Pauline und Erzbischof de Pins, der ihr Werk sehr bewundert. Pauline erzählt ihm von ihrer Gemeinschaft. Sie weiß noch nicht, dass es bald ihre einzige Familie sein wird.

Am 26. Dezember 1834 stirbt Antoine Jaricot im Alter von 78 Jahren. Er wird bei seiner Frau, die er 20 Jahre lang überlebt hat, in der Familiengruft auf dem Friedhof Loyasse in Lyon begraben. Die „Töchter Mariens" betrachtet Pauline ab nun als ihre eigene Familie. Aus dem Erbe ihres Vaters erhält sie 1,2 Millionen Francs in bar, womit sie sofort das auf Kredit gekaufte Haus abzahlt. Ohne es zu wollen oder anzustreben, wird sie ab nun zurecht „das reiche Fräulein Jaricot" genannt.

Tabernakel in der Hauskapelle in „Maison de Lorette“

DIE BLUTIGE WOCHE

Nur knapp drei Monate dauert die relative Ruhe in der Gemeinschaft der Töchter Mariens. Am Montag, 9. April 1834 stürzt plötzlich ein Bäckergeselle durch die Hintertüre in die Maison de Lorette. „Mein Meister schickt mich mit zehn Laib Brot. Ich konnte mich aber nur unter Bäumen und Gebüsch hier herauf auf den Fourvière-Hügel vorarbeiten. Überall sind Aufständische! Die Truppen haben unten in der Stadt schon alle Plätze besetzt. Und auf den Straßen hierher haben die bewaffneten Arbeiter Barrikaden errichtet. Ich bitte euch: Flieht! Denn es wird gefährlich!" Und schon läuft er aus dem Haus und verschwindet durch die Büsche den Abhang hinunter. In der kleinen Frauengemeinschaft herrscht Angst und Sorge. Zu Recht! Vor drei Jahren hatten die Canuts, die Seidenweber, mit ihrem ersten Aufstand nur geringen Erfolg. Kein Wunder, dass sie jetzt eine zweite Revolte wagen, um bessere Arbeitsbedingungen zu erkämpfen. Die Armee besetzte die Stadt und die Brücken. Die Aufständischen sammelten sich im Westen, hinter dem Hügel Fourvière. Und die Maison de Lorette liegt genau in der Schusslinie zwischen den beiden sich bekämpfenden Parteien. Es war der Beginn der traurigen Ereignisse, die als „Blutige Woche" in die Geschichte Lyons eingehen sollten.

Und Pauline? Pauline wird von ihrem chronischen Herzleiden gequält. Sie liegt im Bett und fühlt sich zum Sterben. Tatsächlich hat der Hausgeistliche Abbé Henri Rousselon ihr die Krankensalbung gespendet. Trotzdem gibt sie ihrer Nichte Pauline Perrin, die sich gerade in der Maison de Lorette aufhält und wegen der Gefahr nicht zur Familie in die Stadt zurückkehren kann, den Auftrag: „Schreibe folgende Worte groß auf ein Plakat: O liebe Mutter! Wir flehen um deinen heiligen Schutz! Beschütze uns und beschütze Lyon! Hilf, dass der heutige Tag und die folgenden zur Ehre Jesu und zu deiner Ehre gereichen! O Maria, ohne Sünde empfangen, bitte für uns, die wir zu dir unsere Zuflucht nehmen! – Und hefte dieses Plakat an die Muttergottesstatue auf dem Turm unseres Hauses!“

Gesagt, getan! Dann lässt Pauline alle Fensterläden schließen. Von draußen hört man das Donnern der Artillerie, die auf die Arbeiter schießt. Ängstlich versammeln sich alle Bewohner der Maison de Lorette in der Kapelle, es sind 18 Personen, die vor dem Tabernakel niederknien. Pauline liegt im Bett, ihr Zimmer ist unmittelbar neben der Kapelle, sodass sie alles hören kann. Laut beginnt sie zu beten und die anderen stimmen ein. Schon klatschen die ersten Kugeln an die Mauer. „Wir müssen fort!“, ruft ein Kranker, der gerade im Haus gepflegt wird. „Nein, wir wollen Jesus nicht allein lassen!“, antwortet Pauline. Da nimmt der Kranke den Tabernakel vom Altar und reicht ihn der Hausherrin. „Wir nehmen Jesus mit!“ Das scheint eine gute Lösung. Aber wohin gehen? Wieder rät die Schwerkranke: „Lasst uns in das unterirdische Gewölbe beim Gärtnerhaus gehen!“ Die anderen zögern, denn dazu muss man durch den Garten. Und überall ist Kanonenhagel und das Pfeifen von Schüssen zu hören. Pauline ist wieder die Mutigste: „Gehen wir ohne Furcht! Wir haben doch Jesus bei uns!“

Zwei Männer legen die kranke Pauline auf eine Matratze und tragen sie über den Hof in die unterirdischen Katakomben. Sie haben Kerzen in den Händen, in der Mitte trägt einer den Tabernakel mit dem Allerheiligsten, auch einige Schwestern tragen Kerzen. So wird die Flucht zu einer kleinen Fronleichnamsprozession. In dem Gewölbe angekommen, scharen sich die „Töchter Mariens“ – es sind zehn an der Zahl – um das Lager ihrer geistlichen Mutter. Jetzt muss man sich einrichten, denn niemand weiß, wie lange man an diesem ungemütlichen Ort verharren wird und wie es weitergeht. Maria Melquiond hat fürsorglich etwas zum Essen mitgenommen: Honig und Brot. Wasser kann man aus der Zisterne schöpfen. Nun beginnen alle niederzuknien und zu beten. Es ist ein inbrünstiges Gebet, denn die Schüsse und der Kampfeslärm, der immer wieder zu hören ist, bereiten den jungen Frauen Todesangst. Als die Nacht anbricht, schlafen viele vor Erschöpfung ein. Pauline wird von Schmerzen und Fieber geplagt. Sie hat den Blick auf den Tabernakel gerichtet, der an der Wand des Gewölbes einen Ehrenplatz gefunden hat. Um ihn herum lagern die Geflüchteten. Wieder bietet Pauline dem Herrn ihr Leben an. Zum dritten Mal, denn schon während der Julirevolution 1830 und im November 1831 hatte sie gebetet: „Herr, nimm das Opfer meines Lebens an für den Frieden!“ Wieder blickt der Herr auf sie und wieder gibt er ihr liebevoll zu verstehen, dass Er sie noch brauche – dass ihre Mission noch nicht beendet ist.

Die Eingeschlossenen im Kellergewölbe bei der Maison Lorette haben sechs Tage angstvoll ausgeharrt. Immer wieder zuckten sie zusammen, wenn Granaten explodierten. Wie langsam sind die Stunden vergangen. Gebet und die Bereitschaft zum Opfer haben ihnen die Kraft gegeben, diese beängstigende Situation zu überstehen.

Die „Blutige Woche" der Seidenweberrevolte dauert bis zum 15. April 1834. Auch dieser zweite Aufstand der Canuts wird blutig niedergeschlagen und kostet mehr als 600 Menschen das Leben. Die Armee setzt 10.000 Aufständische gefangen. Viele werden im April 1835 in einem Mammutverfahren in Paris zu schweren Gefängnisstrafen oder gar zur Deportation verurteilt.

Als die „Töchter Mariens" das unterirdische Gewölbe verlassen können, bitten sie ihre Mutter sofort, in die Kirche Saint-Just gehen zu dürfen, um dort die heilige Kommunion zu empfangen. Pauline selbst ist an das Bett gefesselt und kann nicht mitgehen. Gott sei Dank, findet sich schnell ein Priester, der zu ihr eilt, um ihr und ihrer Gefährtin Maria Melquiond das Brot des Lebens zu bringen. Und welch ein Wunder: Die Maison de Lorette steht noch, obwohl es Zielscheibe der Artillerie gewesen ist und zahlreiche Einschüsse aufweist. Die Schäden sind weit geringer als man befürchten musste. Der Priester trägt den Tabernakel aus dem unterirdischen Gewölbe in die Kapelle des Hauses zurück. Maria, die unbefleckt Empfangene, hat ihr Haus beschützt.

DIE HEILIGE PHILOMENA GREIFT EIN

Bald sind alle Schäden an der Maison de Lorette ausgebessert, die Kapelle wieder instandgesetzt, gereinigt und geschmückt. Das Leben geht weiter und normalisiert sich wieder. Nur Pauline ist kränker als je zuvor. Im Frühjahr 1835 verschlechtert sich ihr Zustand: Ihr Herzleiden verursacht ihr große Atembeschwerden.

Eines Tages läutet es an der Tür der Maison Lorette. Es ist am frühen Morgen, vor sechs Uhr, als die helle Glocke der Pforte einen Gast ankündigt. Marie Melquiond öffnet. Vor ihr steht ein Priester, klein und hager von Gestalt. Er hält seinen Priesterhut in der Hand. „Sie möchten wohl zu Fräulein Jaricot, mein Vater? Die ist zurzeit todkrank und hatte eine ganz besonders schlechte Nacht!" „Ich weiß", antwortet der Priester ruhig. „Melden Sie mich trotzdem, liebes Kind. Mein Name ist Jean Vianney. Ich bin der Pfarrer von Ars." Strahlend eilt Maria Mequiond mit ihrem Gast an das Bett der Schwerkranken, denn der Pfarrer von Ars-sur-Formans im Süden von Lyon, ist kein Unbekannter! Ja, er ist der berühmteste Priester der damaligen Zeit. Hunderte Menschen pilgern täglich in sein kleines Dorf, um bei ihm zu beichten, um Rat und Trost zu holen. Viele sehen in ihm sogar einen Wundertäter! Dieser Priester, der spätere Heilige, besucht Pauline.

Der Pfarrer von Ars setzt sich an ihr Krankenbett. Vor Freude würde Pauline am liebsten aufstehen! Aber sie ist zu schwach. Sie kann kaum sprechen. „Ich bin gekommen, um ihnen einen Rat zu geben: Halten sie eine Novene, eine neuntägige Andacht zur heiligen Philomena! Philomena hilft ihnen bestimmt. Mir hilft sie immer ..." – flüstert ihr Jean Vianney zu. Und er weiß, was er sagt.

Die heilige Philomena war die Lieblingsheilige des Pfarrers von Ars. Ihre Geschichte war gerade zu seiner Zeit eine Sensation! Bei

Ausgrabungen in den urchristlichen Priscilla-Katakomben wurden am 25. Mai 1802 die Gebeine einer jungen Frau, namens Philomena, gefunden. Man vermutete, dass Philomena unter Kaiser Diokletian das Martyrium erlitten hat. Dieser neue Fund von Reliquien einer frühchristlichen Märtyrin löste in Italien eine große Welle der Frömmigkeit aus: Die Gebeine Philomenas wurden 1805 nach Mugnano, einem Vorort von Neapel, gebracht. Viele Menschen strömten an den Reliquienschrein und schon bald ereigneten sich zahlreiche Gebetserhörungen und Wunder. Papst Gregor XVI. erlaubte im Jahr 1834 die Verehrung Philomenas – ganz unbeschadet der Tatsache, dass man keine historischen Nachrichten von einer Märtyrin Philomena hatte.[30]

Jean Marie Vianney, der fromme Pfarrer von Ars, hatte damals über die vielen wunderbaren Ereignisse rund um diese neue Heilige gehört und ließ sich von ihr gleich begeistern. Nicht nur vertraute er ihr seine eigenen Angelegenheiten, die vielen Beichtkinder und die pastorale Sorge um seine Pfarre an. Er empfiehlt die Heilige Philomena als Fürsprecherin auch vielen seinen Freunden – so auch seiner geistlichen Tochter, Pauline Marie Jaricot.

Pauline hatte bis dahin nur wenig von Philomena gehört. Sie spürte jedoch, dass mit Jean Marie Vianney ein Heiliger vor ihr steht – und nahm seinen Ratschlag dankbar und andächtig an. Pfarrer Vianney segnete sie noch und ging zurück nach Ars. Zurück blieb eine Schwerkranke, die sich sofort anschickte, den Rat in die Tat umzusetzen und die Novene zur Heiligen Philomena zu beten. In ihrem Zustand brauchte sie ja tatsächlich die machtvolle Fürsprache der Heiligen um die gnadenvolle Hilfe Gottes.

---

30 Siehe dazu: Giovanni Braschi, Philomena: Die Heilige aus den Katakomben, Durach 1991.

Heiliger Pfarrer von Ars, Jean Marie Vianney, mit dem Pauline in tiefer geistiger Freundschaft verbunden war (links), Heilige Philomena (rechts)

Pauline merkt schnell die wirksame Fürsprache der unbekannten Heiligen: Nach neun Tagen des Gebetes zur heiligen Philomena kann sie nun wieder aufstehen und sogar mehrere Stunden am Schreibtisch sitzen, um auf diese Weise wieder die Korrespondenz zu erledigen. Ganz gesund darf sie sich wohl noch nicht nennen – die Hoffnung auf volle Genesung erwacht aber in ihrem Herzen. Pauline hat eine Idee: „Wie wäre es, wenn ich eine Pilgerfahrt an das Grab der heiligen Philomena nach Mugnano unternehme?!" Durch die Gebetserhörung, die ihr aufgrund der Fürsprache Philomenas geschenkt wurde, hat sie großes Zutrauen zu der jungen Heiligen gefasst. Nun bleibt ihr noch zu überprüfen, ob ihre Idee wirklich von Gott ist.

Pauline denkt immer praktisch und so entscheidet sie sich für ein Drittes, für eine Art Experiment. Sie macht eine Art „Probepilgerfahrt" an einen Ort, der ihr ebenso bedeutsam ist wie das Grab Philomenas bei Neapel, der aber geographisch viel näher liegt. Sie fährt nach Paray-le-Monial, in das Heiligtum des Herzens Jesu, das ungefähr 130 Kilometer nördlich von Lyon liegt. Ihr geistlicher Begleiter Abbé Rousselon ist mit diesem Plan einverstanden. Er begleitet sie gemeinsam mit Maria Melquiond und einem Diener namens Claude Rousset. Obwohl man in einem gut gepolsterten Reisewagen fährt, ist die Reise für Pauline anstrengend.

Im Heimsuchungskloster von Paray-le-Monial nimmt die kleine Pilgergruppe Quartier. Es folgen Tage des Gebetes und der inneren Einkehr. In diesem Kloster lebte einst die heilige Margareta Maria Alacoque, der Jesus ab dem Jahre 1673 in mehreren Visionen erschienen war und ihr sein vor Liebe brennendes Herz zeigte. Pauline war schon immer eine glühende Verehrerin des Heiligsten Herzens Jesu. Sie blüht in diesen Tagen seelisch und körperlich auf. Gestärkt fasst sie den Entschluss: „Ich möchte nach Rom pilgern und dann an das Grab der heiligen Philomena nach Mugnano weiterreisen!“

Abbé Henri Rousselon und die anderen sind nicht nur überrascht, sondern regelrecht entsetzt! Sie raten von einer solchen langen und schwierigen Reise ab. Eine solche Fahrt über schlechte Straßen würde die Gesundheit Paulines sicher nicht wiederherstellen! Im Gegenteil! „Liebe Mutter, das wird sie umbringen!“, wendet Maria Melquiond ein. Pauline lässt sich nicht abbringen. Ihr Entschluss ist gefasst, Widerrede zwecklos. Die Reisegesellschaft begibt sich auf den Weg in den Süden. Doch, bevor sie die Alpen erreichen, verschlechtert sich der Zustand Paulines dramatisch. Den ganzen Mai 1835 muss die Pilgergruppe in dem kleinen Städtchen Chambery verbringen. Selbst dann gibt die Todkranke nicht auf. Kaum geht es Pauline etwas besser, drängt sie, die Reise fortzusetzen. Letzten Endes, nach Überwindung des Mont Cenis mit einer Seehöhe von über 2.000 Meter gelangt die Reisegesellschaft nach Italien.

Das erste Pilgerziel ist das Heiligtum der Gottesmutter von Loreto, dort, wo das „Heilige Haus von Nazareth“ verehrt wird, das Engel hierher getragen haben sollen. Pauline hat ihren Stützpunkt auf dem Fourvière Hügel. Nach diesem Haus der Heiligen Familie hat sie ihr geliebtes „Maison de Lorette“ benannt. Und auch, wenn hier wiederum ein Rückfall Pauline zu einem längeren Aufenthalt zwingt, so erreicht die Gruppe doch mit großer Verspätung endlich die ewige Stadt Rom. Pauline nimmt es in ihrer Schwäche kaum wahr, sie ist mehr drüben als herüben. Man nimmt Quartier im Kloster der Sacré-Coeur-Schwestern auf dem Hügel über Rom, wo sich die Kirche Trinità dei Monti erhebt, bei der Spanischen Treppe. Mutter Sophie Barat, die im Jahr 1800 die Schwesterngemeinschaft vom Heiligsten Herzen Jesu in Frankreich gegründet hat und sich zu diesem Zeitpunkt in Rom aufhält, empfängt die Gäste. Als sie den Zustand Paulines sieht, holt sie sofort ärztliche Hilfe.

Basilika „vom Heiligen Haus in Loreto" in Rom.

In Rom gibt es einen guten Freund Paulines, den Kardinalstaatssekretär Lambruschini, der zugleich Protektor des „Lebendigen Rosenkranzes" ist. Zu diesem Zeitpunkt ist das Werk Paulines, das ja bereits zehntausende Menschen im Gebet und in der Spende für die Mission vereint, auch in Rom wohl bekannt.

Die Heilige Madeleine-Sophie Barat, Gründerin des Ordens der Sacré-Coeur-Schwestern empfing Pauline 1835 in Rom.

Pauline ist sogar in Rom eine Berühmtheit! Als sich herumspricht, dass sie schwer krank ist, besucht sie nicht nur Kardinal Lambruschini, sondern auch der Papst höchstpersönlich. Es ist eine außerordentliche Auszeichnung, die in Rom hohe Beachtung findet: Gleich zwei Mal eilt Papst Gregor XVI. in das Kloster Trinità dei Monti, um Pauline zu besuchen. Der Heilige Vater bedankt sich für das „Werk der Glaubensverbreitung" und für den „Lebendigen Rosenkranz". Pauline erzählt dem Papst, dass das eigentliche Ziel ihrer Pilgerfahrt das Grab der heiligen Philomena bei Neapel ist. Sie wünsche sich nichts sehnsüchtiger, als „dass sie mit Gottes

Das Grab der Heiligen Philomena in Mugnano

Hilfe am Fest der heiligen Philomena in Mugnano sein könne." Obwohl sie schwerkrank im Bett darniederliegt, fügt sie glaubensstark hinzu: „Heiliger Vater, wenn ich es schaffe und wenn ich bei meiner Rückkehr aus Mugnano zu Fuß in den Vatikan gehen könnte, – würde Eure Heiligkeit dann die Heiligsprechung der Märtyrin Philomena unverzüglich vornehmen?" „Gewiss, meine Tochter", antwortet Papst Gregor XVI., „denn dann läge ein Wunder erster Ordnung vor!". Zu Mutter Barat gewandt, sagt der Papst auf Italienisch: „Sie wird nicht wiederkehren!"

Kirche „Trinità die Monti" in Rom

Pauline ist zäh, wie es das Kennzeichen aller Heiligen ist. Sie hat einen starken Willen, der sich über ihre leibliche Gebrechlichkeit und Hinfälligkeit immer wieder zu erheben wagt. Sie reist weiter. Aufgrund der großen Hitze, die in den Sommermonaten 1835 in Italien herrscht, reist sie mit ihren Begleitern vor allem in der Nacht. Zwei Tage vor dem Fest der heiligen Philomena, am 8. August 1835, kommt die Gruppe in Mugnano an. Die mehrtägigen Feierlichkeiten haben gerade begonnen. Die kranke Pauline lässt sich in einem Lehnstuhl zum Grab der heiligen Philomena in die Kirche tragen. Um sie herum entsteht großes Gedränge, alle wollen die Gründerin des Lebendigen Rosenkranzes, die vom Papst selbst besucht und gesegnet worden ist, sehen. Pauline ist überrascht und glücklich zugleich: Sie ist zu Füßen der heiligen Philomena, der sie eine wunderbare Besserung ihrer Gesundheit verdankt. Sie verharrt am Grab und bittet um Kraft!

Das Fest der heiligen Philomena ist gekommen. Wir schreiben den 10. August 1835. Pauline ist weiterhin sehr schwach. Sie lässt sich in die Kirche tragen, um den Feierlichkeiten beizuwohnen. Zusammengekauert sitzt sie in ihrem Lehnstuhl in der Nähe des Sarkophags der Heiligen Märtyrin und feiert die Heilige Messe mit. Nichts deutet auf ein Wunder hin. Dazu wird ihr beim Empfang der Heiligen Kommunion schwarz vor den Augen und sie fällt in eine tiefe Ohnmacht. Unruhe bricht aus. Schon wollen die Helfer sie mit dem Lehnstuhl hinaustragen, als sie ihre Augen öffnet, den Blick auf den Reliquienschrein der heiligen Philomena richtet und flüstert: „Ich möchte bleiben!“.

Der Stuhl, auf dem Pauline in der Kirche in Mugnano saß als sie geheilt wurde

Die Stunde ihrer menschlichen Ohnmacht wird zur Stunde göttlicher Allmacht. Denn langsam spürt sie, wie es ihr immer besser geht. Neues Leben in neuer Frische und Kraft erwacht in ihr. Ein Wunder ist geschehen. Sie spürt es selber und betet still, sie dankt der heiligen Philomena. Zu Mittag steht sie aus ihrem Lehnstuhl auf und geht ohne jede menschliche Unterstützung zur Kirchentüre hinaus bis zu ihrer Wohnung. Ja – an Pauline ist ein Wunder geschehen. Ja, sie wurde geheilt. Ihr Vertrauen war nicht umsonst! Die Nachricht von dem Wunder verbreitet sich in Windeseile, ein Priester lässt die Glocken läuten. Überall strömen die Menschen zusammen und rufen: „Viva la Santa Philomena! Es lebe die heilige Philomena!"

Pauline Jaricot bleibt noch neun Tage in Mugnano. Die wunderbar Geheilte möchte in einer neuntägigen Novene der Heiligen danken, der sie ihre Gesundheit verdankt. Vor ihrer Abreise erhält sie noch ein wertvolles Geschenk: eine Reliquie der heiligen Philomena. Doch bevor sie Richtung Norden nach Rom zurückkehrt, möchte sie der berühmten Stadt Neapel im Süden einen kurzen Besuch abstatten.

Als sie in Neapel einfährt, gerät die ganze Stadt in Bewegung. Alle wollen sie sehen. Der Ortserzbischof Filippo Giudice Caracciolo geleitet sie in den Dom, wo sie die Blutreliquie des heiligen Januarius verehren darf. „Liebe Tochter aus der Stadt Lyon, der Stadt der Märtyrer. Gott hat sich Ihrer bedient, um seine Macht zu zeigen. Er wird sich auch weiter Ihrer bedienen, aber in ganz anderer Weise. Bleiben sie guten Mutes und nehmen sie das Kreuz willig an!" – sagt ihr der Erzbischof. Pauline, die noch ganz unter dem Eindruck der wunderbaren Genesung steht, die ihr widerfahren ist, ist von diesen Worten sehr berührt. Was das bevorstehende Kreuz wirklich bedeutet, begreift sie aber erst zwanzig Jahre später.

Pauline kehrt nach Rom zurück und geht, wie sie es Papst Gregor XVI. vorher angekündigt hat, zu Fuß in den Vatikan. Der Heilige Vater, der zuvor eine Todkranke erlebt hat, ist zutiefst überrascht: „Ist das in Wahrheit Unsere liebe Tochter? Ist sie vom Tode erstanden oder hat Gott auf die Fürsprache der jungfräulichen Märtyrerin das Wunder gewirkt?“ Pauline entgegnete: „Eure Heiligkeit, ich bin es wirklich. Ich bin die arme Frau aus Lyon, die Ihr vor zwei Monaten im Kloster Trinità Dei Monti besucht habt. Damals war ich sterbenskrank, doch die heilige Philomena hat sich in Mugnano meiner erbarmt. Da sie mir die Gesundheit geschenkt hat, so bitte ich Sie, Heiliger Vater, um die Erlaubnis, ihr eine Kapelle weihen zu dürfen.“

Sehr gerne gibt der Papst die Erlaubnis dazu. Bevor die Kapelle aber gebaut wird, bittet der Papst Pauline, sie möge doch eine Zeit lang in Rom bleiben, damit geprüft werden kann, ob das Heilungswunder von Bestand ist. In der Zwischenzeit könne sie die Schönheiten der Ewigen Stadt bewundern. Der Papst wünscht auch, dass sie sich mit Kardinal Lambruschini austauscht und Pläne schmiedet, damit das Werk der Glaubensverbreitung und der Lebendige Rosenkranz weiter zum Segen der Mission der Kirche wachsen können. Pauline erfüllt die Wünsche des Heiligen Vaters gerne. Bis ins Frühjahr 1836 wird sie mit ihrer Begleitung in der Stille des Herz-Jesu-Klosters von Trinità dei Monti bleiben, die meiste Zeit wird sie dem Gebet und der Betrachtung widmen.

EINE TREUE GEFÄHRTIN

Als die Zeit endlich gekommen ist, nach Lyon zurückzukehren, verspricht Pauline dem Papst „Ich werde wiederkommen!“. Die Rückreise nach Lyon ist für sie mit großer Vorfreude gefüllt. Sofort nach ihrer Ankunft in Lyon wirft sie sich im Marienheiligtum auf dem Fourvière-Hügel zu Füßen der Muttergottes nieder, um ihr für die Gnaden der Reise und die glückliche Heimkehr zu danken. Sofort beginnt sie, die versprochene Philomena-Kapelle auf dem Grundstück des Maison Lorette errichten zu lassen. Sie kann sogar einen erfahrenen Architekten, Antoine-Marie Chenavard, für ihr Vorhaben gewinnen.

Am 11. August 1839, wird die neue Kapelle eingeweiht und die erste heilige Messe gefeiert. Der Tag ist kein Zufall: Der 11. August ist der Festtag der heiligen Philomena, zugleich der vierte Jahrestag der wunderbaren Heilung Paulines. In Zukunft soll der 11. August immer ein Festtag sein, wo alle, die den Lebendigen Rosenkranz und das Werk der Glaubensverbreitung unterstützen, zum Gottesdienst eingeladen werden. Viele strömen zur Weihe der Philomena-Kapelle herbei. Nach dem festlichen Dankgottesdienst erfreut man sich am gemütlichen Beisammensein.

Einen hat Pauline in ihrer Dankbarkeit natürlich nicht vergessen: den heiligen Pfarrer von Ars, der sie damals bei seinem Blitzbesuch auf die heilige Philomena verwiesen hat. Er hat inzwischen in seiner Pfarrkirche von Ars auch eine Philomena-Kapelle einbauen lassen. Pauline bedankt sich bei ihm mit dem wertvollsten geistlichen Geschenk, das sie zu geben vermag: der Reliquie der Märtyrin, die sie von Mugnano mitgebracht hat.

Auch sonst ist sie eine große Förderin des heiligen Pfarrers. Wie schon ihr verstorbener Vater Antoine gehört sie zu seinen größten

Wohltäterinnen. Für Christen, die Gott mit ganzer Glut lieben, ist es selbstverständlich, dass sie sich im selben Maße bemühen, ihre Nächsten zu lieben. Das galt in besonderem Maße für den frommen Priester Jean Marie Vianney: Er hat in seiner kleinen Pfarre Ars nicht nur die Frömmigkeit gefördert, sondern ebenso soziale Maßnahmen ergriffen und zwei Schulen erbaut, eine für Mädchen und eine für Buben. Besonders am Herzen lag ihm aber sein 1827 gegründetes Haus „La Providence", wo er Halb- und Vollwaisen aus der ganzen Gegend aufnahm und ihnen ein Zuhause, gute Erziehung und kostenlose Schulbildung gab. Pauline unterstützt das Waisenhaus des heiligen Pfarrers mit großen Summen. Zugleich weiß sie sich selbst in geistlichen Belangen hilfsbedürftig: Wenn sie in inneren Nöten oder äußeren Schwierigkeiten steckt, holt sie sich immer wieder Rat und Trost beim Heiligen Pfarrer von Ars. Der Pfarrer von Ars weiß es zu schätzen. In Pauline hat er nicht nur eine Unterstützerin, sondern ebenso eine Tochter, deren Wachstum er miterlebt und fördert.

Die Maison Lorette ist zu einem Zentrum der Weltmission geworden. Täglich kommen hier Bischöfe, Ordensobere, Missionare ... Ratsuchende wollen Pauline sprechen, Notleidende bitten um Almosen ... Pauline ist für alle da. Für jeden und jede hat sie ein gutes Wort. Ihr Herz ist offen. Wenn es am Abend still geworden ist, betet sie oft noch stundenlang in der Nacht in der Kapelle kniend. Sie breitet dazu die Arme aus und bittet für alle, die sich ihr anvertrauen, besonders für die Priester. Lyon wird zu einem Zentrum der Weltkirche, denn so manche Ordensgemeinschaft, der sie finanziell unter die Arme greift, gründet in der Nähe eine Niederlassung. Pauline unterstützt die Gründungsunternehmungen gleichermaßen in den Missionsländern, wie in Europa, wo die Katholische Kirche nach den Wirren verschiedener Revolutionen und Verfolgungen wieder neue Kraft gewinnt.

Die Gedenkplatte vor dem Eingang in die Kapelle der „Maison de Lorette“

„Pauline Marie Jaricot, die Gründerin des Werkes der Glaubensverbreitung, des Lebendigen Rosenkranzes und des Arbeiterschutzes. Diese Kapelle ist 1839 errichtet worden“.

Reliquiar der Hl. Philomena in der Kapelle der „Maison de Lorette“

Das herausfordernde Leben der Gemeinschaft und die vielen Besuche erfordern von Pauline ein hohes Maß an Hingabe. Sie spürt, sie braucht wieder neue Kraft. Ein zweites Mal zieht sie nach Italien. Im Mai 1839 bricht sie auf. Diesmal fährt sie zuerst nach Mugnano. Sie will, wie sie es versprochen hat, der heiligen Philomena nochmals für ihre Heilung danken. Dann geht es nach Rom, wo sie am 26. Mai an der Heiligsprechungszeremonie des heiligen Alfons Maria von Liguori teilnehmen darf. Sie ist von den Gnaden, die ihr, einer einfachen Frau aus Lyon geschenkt werden, überwältigt. Mehrmals wird sie in Audienz von Papst Gregor XVI. empfangen. Zwischen ihr und Kardinalsstaatssekretär Luigi Lambruschini herrscht nicht nur ein „amtliches" Verhältnis, da er ja Protektor des Lebendigen Rosenkranzes ist. Es herrscht eine Art Seelenverwandtschaft, sodass Pauline dem Kardinal offen auch ihr Innerstes, ihre Prüfungen, ihre Sorgen und Wünsche mitteilen kann. Sie trifft immer auf Verständnis und empfängt dankbar Trost und guten Rat. Nach sechs Wochen nimmt sie Abschied von den beiden Kirchenfürsten. Als sie nach Lyon aufbricht, ahnt sie nicht, dass sie weder den Heiligen Vater noch den Kardinal auf Erden wiedersehen wird. Papst Gregor XVI. stirbt 1846, Kardinal Lambruschini 1854.

Gott schickt Pauline eine andere Art von Unterstützung, auf eine Weise, die sie nie erwartet hätte: Am 16. April 1842 läutet es an der Klosterpforte der Maison de Lorette. Mutter Pauline öffnet und fragt eine ärmlich gekleidete junge Frau, die vor der Türe steht: „Mein Kind, was wünschen Sie?" – „Ich überbringe einen Brief und soll auf Ihre Antwort warten." – antwortet das Mädchen. Pauline liest: „Liebe Mademoiselle Jaricot, ich schicke ihnen eine Seele, die Gott gewiss für sich und auch für Sie geschaffen hat. Die allerseligste Jungfrau hat dieses junge Mädchen bisher vor allem Bösen bewahrt. Ich bitte Sie, dass Sie von nun an auf sie schauen und sie lehren, Jesus und Maria immer mehr zu lieben. Ihr Jean Vianney, Pfarrer von Ars." Sofort umarmt Pauline die junge Frau und bittet sie ins Haus: „Sei mir willkommen, liebe Tochter! Ich will dir eine gute Mutter werden." Pauline ahnt nicht, welche Bedeutung diese damals 23-jährige Frau für sie noch bekommen wird. Maria Dubouis aus Belmont wird ihr bis zu ihrem Tode 20 Jahre hindurch Stütze und Trost sein und selbst in schwersten Zeiten nie von ihrer Seite weichen.

Gott schickt Pauline noch weitere, so wichtige Hilfe: Denn unter den vielen wichtigen Besuchen in der Maison de Lorette ist der von Bischof de Charles-Auguste-Marie-Joseph de Forbin-Janson im Juli 1842 von großer Bedeutung, ja „historisch". Der vormalige Bischof von Nancy war nunmehr als Bischof ohne Sitz mit der Missionsarbeit in Nordamerika betraut. Er brennt für die Mission und möchte sich unbedingt mit Mademoiselle Jaricot besprechen. Er unterbreitet der „Mutter der Missionen", wie man Pauline damals schon nennt, dass ihm die Glaubensverkündigung an die Kinder besonders am Herzen liegt. Im Gespräch entwickeln die beiden die Idee, ein „Werk der Heiligen Kindheit" zu gründen: Christliche Kinder in Europa beten für Kinder in den Missionsländern, die noch nicht getauft sind. Mehr noch: Christliche Kinder helfen zugleich durch eine kleine Spende, indem sie monatlich einen Sou geben. Pauline ist von der Idee eines Missionswerkes, das speziell die Kinder miteinbezieht, begeistert: „Ich will das erste unter allen Kindern sein!", sagt sie begeistert und lässt sich gleich in den neuen Verein einschreiben. Dieses „Werk der Heiligen Kindheit" von Bischof Forbin-Janson wird 1922 zusammen mit dem „Werk der Glaubensverbreitung" von Pauline Jaricot in den Rang eines „Päpstlichen Missionswerkes" erhoben. So bringt der Besuch des missionsbegeisterten Bischofs nachhaltige Frucht, auch wenn er selbst schon zwei Jahre später, am 18. Juli 1844 sein irdisches Wirken beenden wird.

Ein Bildchen vom Kindheit-Jesu-Verein

DAS SOZIALWERK SCHEITERT

„Wer hundertfältige geistliche Frucht ernten will, der muss zuerst aktive und tätige Liebe üben. Eine Predigt ohne Tat bringt nichts. Wir müssen die Liebe auch tun, die wir predigen.“ Diesen Gedanken schreibt Pauline nieder und denkt dabei an die Situation der Arbeiter. Schon zwei Mal hat sie die Schrecken eines Aufstandes der arbeitenden Menschen erlebt, denen der gerechte Lohn und der Wohlstand verweigert werden. Seit vielen Jahren brennt in ihrem Herzen der Wunsch, den Arbeiterinnen und Arbeitern zu helfen. Sie stammt aus einer reichen Familie und hat selbst den Besitz geerbt, den ihr Vater durch die Seidenfabrikation erworben hat. Sie hat ein mitfühlendes Herz und weiß nur zu gut, dass es an so vielem mangelt: an gerechten Arbeitszeiten, freundlichen Werkswohnungen, an einer Beteiligung der Arbeiter am Gewinn des Unternehmens ...

Pauline hat sehr konkrete Zielvorstellungen für soziale Gerechtigkeit und geht damit der Kirche ihrer Zeit voraus. Am 15. Mai 1891 wird Papst Leo XIII. in seiner historischen Sozialenzyklika „Rerum Novarum“ vieles von dem einmahnen, was Pauline schon 50 Jahre vorher bewegt hat – vor allem die Achtung vor der Würde der Arbeiter und ihr Recht auf gerechten Lohn. Das sind Wunschvorstellungen von Pauline Jaricot. Doch wie soll sie hier etwas ändern? Pauline greift zu den geistlichen Mitteln, die ihr so viel geholfen haben: Sie betet und leidet, sie opfert und überlegt. Gemeinsam mit Maria Dubouis fährt sie nach Ars und besucht Pfarrer Vianney. Sie möchte von dem damals schon als Heiligen verehrten Priester Rat erbitten. Damit sie sich nicht in die Menschenschlange vor der Kirche einreihen müssen, gehen sie in das Waisenhaus „La Providence“ und sprechen den Pfarrer beim Essen an.

Eine bestimmte Idee treibt sie um: Sie möchte eine „Himmelsbank“ gründen. Unter „Himmelsbank“ versteht sie eine Einrichtung, die es den Menschen ermöglichen soll, durch ihre Arbeit zinsenlose Kredite zu bekommen. Pauline verfügt ja selbst über eine beträchtliche Summe, die sie von ihrer Familie geerbt hat. Lange überlegt sie schon, wie sie dieses Vermögen zugunsten der Armen, insbesondere der Männer und Frauen in den Fabriken der Stadt einsetzen kann.

„Hochwürden, ich brauche ihren Rat!“ wendet sie sich an den Pfarrer von Ars. „Was kann ich tun, um den Arbeitern zu helfen? Soll ich ein Sozialwerk wagen?“ Die Antwort ist kurz und klar: „Ja, ja! Schaffen sie ein Sozialwerk für die Arbeiter. Das ist recht!“ Und der Pfarrer fügt noch hinzu: „Nur halten Sie dabei die Augen offen!“. Pauline bekommt zwar keinen Rat zu ihrer „Himmelsbank“. Der Segen des Priesters und seine Unterstützung reichen ihr aber, um bewusst nächste Schritte vorzunehmen.

Pauline kehrt ermutigt von Ars zurück. Nun ist ihr bewusst geworden, dass sie fachkundigen Rat braucht. So wendet sie sich in dieser Frage an Herrn Allioud, einen ehemaligen Bankier aus Grenoble, einen frommen Katholiken, der sie in der Sache des Lebendigen Rosenkranzes sehr unterstützt hat. Herr Jean-Pierre Allioud musste freilich mit seinem Bankhaus Konkurs anmelden und verlor dabei sogar sein Haus. Pauline hatte sich seiner und seiner Familie angenommen und ihn als eine Art Sekretär des „Lebendigen Rosenkranzes“ in der Maison de Lorette angestellt.

„Monsieur Allioud! Ich sehe eine große Gefahr für den Glauben! In den Händen der Freimaurer sammelt sich immer mehr Geld und Besitz. Die Unternehmer denken und handeln unchristlich. Die Arbeiter müssen massiv darunter leiden. Könnten nicht reiche Gläubige 10.000 Francs in einen Fonds einzahlen, der dem Heiligen Vater zur Verfügung steht? Aus den Zinsen dieses Fonds könnten dann zinsfreie Darlehen für Werke der Nächstenliebe gegeben werden, die in kleinen Raten rückzahlbar sind. Was sagen Sie zu dieser Idee von einer christlichen ‚Himmelsbank'?" fragt Pauline den einstigen Bankier.

„Ihre Idee ist grandios!", findet Herr Allioud. „Die Frage ist nur, auf welche Weise die eingezahlten Gelder gewinnbringend angelegt werden, damit sie auch Ertrag abwerfen und Zinsen ausbezahlt werden können." – „Das habe ich mich auch gefragt", antwortet Pauline. „Ich möchte diese Anlagen nicht den Bankhäusern übergeben. Den Kauf von Grund, Immobilien oder Fabriken halte ich für sicherer. Außerdem könnte man auf erworbenen Grundstücken Arbeitersiedlungen anlegen, in denen menschenwürdige Lebensbedingungen herrschen. Bitte helfen sie mir!"

Der ehemalige Bankinhaber fühlt sich geehrt und verspricht, die Idee der „Himmelsbank" weiter zu prüfen und zu unterstützen. Durch seine frühere Tätigkeit als Bankier kennt er viele katholische Unternehmer, die er zu einer Einzahlung in die Himmelsbank bewegen kann. Sehr rasch und sehr leicht finden sich Menschen, die Geldmittel in die Himmelsbank einzahlen. Natürlich erwarten sie sich davon auch eine gute Rendite, denn schon allein der Name Jaricot bürgt für Erfolg und Sicherheit.

Im Jahr 1845 stellt Herr Alioud Pauline einen „unglaublich reichen Mann" vor, der sie unterstützten will: Gustave Perre ist Eigentümer von Immobilien mit einer Ausdehnung von 500 Hektar, bei der im Südosten Frankreichs gelegenen Stadt Apt im Département Vaucluse. Die Lage ist günstig, denn es gibt Verkehrsverbindung nach Avignon und Marseille. Zu seinen Liegenschaften gehören das Hüttenwerk Rustrel mit vier Hochöfen, wo im Tagebau Erz abgebaut wird. Auf einem kleinen Berg dieser Liegenschaft steht eine Kapelle „Unsere Liebe Frau von den Engeln". Pauline kann nicht ahnen, dass damit der große Betrug beginnt, der sie ins Unglück stürzen wird. Enthusiastisch berichtet Herr Perre, unterstützt von Herrn Allioud, dass das Gelände Rustrel bestens für die Errichtung einer Arbeitersiedlung geeignet ist. Man solle doch die Mittel der Himmelsbank, die mittlerweile angesammelt worden sind, dort investieren. Obwohl Pauline, selbst eine fromme Seele, von der Frömmigkeit und dem devoten Auftreten von Gustave Perre fasziniert ist, holt sie Erkundigungen ein. Sie ist realistisch. Aber sie fragt den falschen: Sie schreibt einen Brief an Pater Richard, einen Ordensoberen in Apt, und bittet ihn um eine Beurteilung von Gustave Perre. Die fällt überschwänglich positiv aus: „Mademoiselle, ich möchte sie mit aller Kraft ermutigen, alles in ihrer Macht Stehende zu tun, damit die Verantwortlichen des Lebendigen Rosenkranzes den Fonds dem Herren Gustave Perre anvertrauen." Pauline ist begeistert. Schließlich kommt Herr Perre selbst nach Lyon, um als Vierzigjähriger die 16-jährige Tochter Alexandrine-Jenny von Herrn Alioud zu heiraten. Pauline steuert 2.000 Francs als Hochzeitsgeschenk bei. Die Verschlagenheit in den Gesichtszügen von Gustave Perre nimmt sie nicht wahr, von seiner geheuchelten Frömmigkeit lässt sie sich blenden.

Die Idee Paulines war, auf der Liegenschaft Rustrel Werkstätten für die Herstellung von Devotionalien und sakraler Kunst zu errichten, die vielen Arbeitern einen Arbeitsplatz mit gerechter Entlohnung gewährleisten würden. Genau zu diesem Zeitpunkt muss Perre wegen Zahlungsunfähigkeit Konkurs anmelden. Die Zwangsversteigerung ist für den 20. September 1845 angesetzt und Perre redet Pauline ein, die Immobilie unbedingt zu erwerben, um sein Hüttenwerk zu retten und ihren Traum von einem Sozialwerk Wirklichkeit werden zu lassen. Da Pauline in ihrer Demut nicht persönlich als Käuferin auftreten will, beauftragt sie am 8. September Gustav Perre in ihrem Namen zu kaufen. Sie übergibt ihm notwendige Gelder und Papiere. Er gibt vor, allen ihren Wünschen nachzukommen, und reist in die Stadt Apt. In Wirklichkeit sind die Eigentumsverhältnisse der Fabrik in Rustrel sehr verwickelt und undurchsichtig.

Bild links: Kapelle "Unserer Lieben Frau von den Engeln"; rechts alter Hochofen von Rustrel

Es vergehen acht Monate und in der Maison de Lorette gehen nur nichtssagende Briefe mit schönen Worten ein. Maria Dubouis meint: „Arme Mutter, ungeachtet der schönen Worte glaube ich, dass wir von etwas Traurigem bedroht sind! Was mich betrifft, würde ich einem Straßenräuber gerade so trauen, wie diesem Herrn Gustav Perre, der einen verschlagenen Blick wie ein Fuchs hat!“. Ahnungen, die Wirklichkeit werden ...

Denn auf einmal schlägt wie eine Bombe ein Brief ein, in dem Pauline Jaricot aufgefordert wird, in kurzer Zeit den Kaufpreis für die Liegenschaften und die fälligen Zinsen zu entrichten; sonst würde eine neue Zwangsversteigerung folgen. Ja, es ist wahr: Pauline ist das Opfer einer arglistigen Täuschung geworden, denn Gustav Perre hat bei der Versteigerung nur eine Kaution bezahlt und die ihm anvertrauten Gelder verschleudert. Pauline konnte die hinterhältigen Absichten von Herrn Perre und seinem Sekretär nicht durchschauen. Jetzt nimmt sie es in aller Deutlichkeit wahr: Beide hatten sie von Anfang an betrogen. Pauline lässt Perre und Allioud aus der Fabrik von Rustrel verbannen und aus Nazareth verjagen. Diese jedoch wenden sich gegen sie und starten eine Reihe von Prozessen. Schließlich verpflichtet sich Pauline in einer Urkunde vom 26. November 1846, ihre Freunde vollständig zu entschädigen. Rechtlich war sie nicht dazu verpflichtet. Sie sühnt in erschreckender Deutlichkeit für den an ihr begangenen Betrug. Sie zahlt ihren Freunden das Geld, das ihr auf brutale Weise gestohlen wurde.

Der Schmerz und die Bedrängnis, in die Pauline geraten ist, sind groß. Sie hört aber nicht auf, Gott ihr ganzes Vertrauen zu schenken – ihre Zuflucht nimmt sie zum Gebet. Mit Psalm 77 betet sie: „Ich rufe zu Gott, ich schreie, ich rufe zu Gott, dass er mich hört ..." In diesen Worten findet sie die Kraft, den bitteren Kelch anzunehmen und zu sprechen: „Dein Wille geschehe!". Je mehr sie betet, umso deutlicher vernimmt sie eine innere Stimme, die spricht: „Gehe in ganz Frankreich umher, strecke die Hand aus und sprich von deinem Unternehmen. Ich zähle deine Schritte, deine Demütigungen, deine Müdigkeit ... All das nehme Ich entgegen für jene, die du retten möchtest." Pauline verdrängt vorerst diesen Gedanken. „Ich? Betteln gehen? Nein!".

Eine reiche Freundin hilft Pauline vorerst, dass die Zwangsversteigerung nochmals abgewendet werden kann. Für einige Monate rauchen die Schlote in Rustrel und die Hochöfen sind in Betrieb. Doch recht bald, im Sommer 1847, steht wieder alles still. Reiche Gläubige drohen und fordern ihre Einlagen in Prozessen zurück. Paulines Sorge ist groß. Nicht einmal kann sie jetzt ihre Schulden bezahlen, geschweige denn eine Fabrik und die „Himmelsbank" gründen ...

In der schweren Stunde erlaubt sich Herr Perre noch zusätzlich, Pauline mit seinen sündhaften Handlungen zu quälen. Reuevoll besucht er die Maison de Lorette und bietet Pauline die aus neuen Betrügereien geschöpften Gelder an. „Nein, nein, nein!" – lautet ihre eindeutige Antwort. Was soll sie aber tun? Pauline bleibt nur eine Option: mit ihrem ganzen Herzen auf die Hilfe und das Erbarmen Gottes zu hoffen und ihre Zuversicht in die Hände der Gottesmutter zu werfen. Mehr kann sie nicht tun.

Gerade plant Pauline, mit Maria Dubouis nach Rustrel zu reisen, als sie die nächste schreckliche Nachricht erreicht: „21. Februar 1848: Revolution in Paris, König Louis-Philippe von Orléans dankt ab, Zweite Französische Republik wird ausgerufen." Der Funke zündet am 24. Februar auch in Lyon. Es kommt zu Plünderungen und Übergriffen. Ein Mann mit einer roten Jakobinermütze, dem Erkennungszeichen der Revolutionäre, erscheint mit einer Rotte übler Gesellen vor der Maison de Lorette. Gleich ertönt seine deutliche und laute Stimme:

„Mandat des Revolutions-Ausschusses von Lyon! Zur Minderung der Arbeitslosigkeit sind öffentliche Arbeiten sofort in Angriff zu nehmen und an öffentlichen ‚National-Bauplätzen' durchzuführen. Die bisherigen Eigentümer solcher Liegenschaften, die zu National-Bauplätzen erklärt werden, haben den arbeitswilligen Bürgern und Bürgerinnen ungehindert Zutritt zu gewähren, ihre Arbeiten in jeder Weise zu unterstützen und für ausreichende Verpflegung zu sorgen. Das Haus der Bürgerin Pauline Jaricot, Maison Lorette auf dem Montée St. Barthelemy, wird zum National-Bauplatz erklärt. Lyon, am 28. Februar 1848 Der Revolutions-Ausschuss."

Wehrlos müssen die „Töchter Mariens" zusehen, wie jahrhundertealte Bäume ihres wunderschönen Parkes abgeholzt und zersägt werden. Auch die Wegkreuze, die zum Innehalten nach Fourvière eingeladen haben, stößt man um. Welch schreckliche Revolutionstage!

Pauline tut alles, um ihren „Töchter Mariens" auch in den schweren Stunden Halt und Trost zu gewähren. Umso mehr schmerzt sie, als ihre eigene Nichte Pauline – Tochter ihrer Schwester Sophie Perrin – die „Gesellschaft Mariä" verlässt. Sie fürchtet noch schwerere Schicksalsschläge und entscheidet sich, fortzugehen.

Die Entscheidung trifft Tante Pauline hart – auch das nimmt sie in Fassung an und im Vertrauen, dass Gott ihr Herz noch einmal berühren wird.

Nach den ersten Schrecken der Revolution, kommt für Pauline endlich der Tag der Abreise nach Rustrel. In aller Stille machen sich Pauline und Maria Dubouis auf den Weg. Bei der Verabschiedung ruft ihnen eine junge Arbeiterin zu: „Nehmen Sie dies, liebe Mutter! Ich habe nicht viel, aber ich gebe es Ihnen von Herzen." Von Tränen gerührt ist Pauline, als sie das Päckchen später öffnet und 200 Franken in Gold vorfindet.

Pauline und ihre Gefährtin erreichen endlich das Gut Unserer Lieben Frau von den Engeln in Rustrel. Pauline nimmt es zum ersten Mal mit ihren eigenen Augen wahr – sie realisiert, dass sie trotz der vielen Schwierigkeiten doch die eigentliche Eigentümerin der Liegenschaft ist. In ihrem Innern kommt Freude auf ... Vielleicht kommt ihr Liebeswerk doch noch zustande? Wenngleich ihr nur „rote" Zahlen präsentiert werden, ruft sie aus: „Alles ist möglich für den, der glaubt, und nichts ist schwierig für den, der liebt." In diesem Satz enthüllt sich auch ein zweiter Grund für die Reise Paulines: Sie will die Förderinnen des Lebendigen Rosenkranzes besuchen – in Carcassome, Agen, Bordeaux, Saintes ...

In Saintes begegnet Pauline zum ersten Mal einer ihrer treuesten Schülerinnen, Julia Maurin, die einmal den ersten Lebenslauf der Seligen verfassen wird. Pauline gesteht ihr schon bei diesem ersten Treffen: „Ich bin eine Reisende, deren einziges Gepäck das Kreuz ist."

Und obwohl es tatsächlich so ist, lässt sich Pauline von der weiteren Reise nicht abhalten. Ihr nächstes Ziel ist La Rochelle – der Sitz eines befreundeten Bischofs, von dem sich Pauline Stärkung und Rat einholen möchte.

Kardinal Clément Villecourt ermutigte Pauline und stand ihr in den schweren Stunden bei.

Bischof Clément Villecourt kennt sie seit ihrer Jugend, denn er stammt aus Lyon. Pauline öffnet sich bei ihm: Aufrichtig erzählt sie ihm von ihrem Schuldenberg und den Gerichtsverfahren. Der Bischof hört sie lange an und tadelt sie wegen ihrer Unklugheit. Schließlich ermutigt er sie aber. Pauline bekommt die erwartete Hilfe. In den Worten des Hirten hört sie die Stimme Gottes: „Mit Gottes Hilfe schenkten Sie der Kirche zwei große Werke. Sie haben damals darauf verzichtet, als Gründerin des Werkes der Glaubensverbreitung genannt und anerkannt zu werden. Jetzt ist der Augenblick gekommen, wo sie diesen Rechtsanspruch geltend machen müssen. Mit der Bestätigung des Zentralrates in Paris können sie alle Mitglieder um einen kleinen Beitrag bitten." – „Danke, Hochwürdigster Herr Bischof für Ihren Rat!", antwortet Pauline schlicht. Und bevor sie den Segen des Bischofs empfängt, legt er ihr nochmals ans Herz: „Gehen Sie und bitten Sie überall um Almosen im Namen Jesu Christi!"

Pauline kehrt bestärkt wieder nach Lyon zurück. Sie freut sich nach Monaten auf ein Wiedersehen mit ihren geistlichen Töchtern, doch auch diesmal soll es nicht lange dauern. Am 1. Mai 1849 schreibt sie auf Anweisung von Bischof Villecourt an die große Rosenkranz-Familie: „Während Ihr euch anschickt, Maria Blumenkränze und frische Sträuße darzubringen, bin ich gekommen, um euch von den Dornen zu erzählen, in die ich mich seit drei Jahren wie ein armes Schaf in seiner Wolle verfangen habe, und euch im Namen Marias zu bitten, mich mit den zarten Händen der Nächstenliebe zu befreien, ohne euch selbst zu zerreißen."[31] Dann bittet sie um die Zugabe von zehn Centimes pro Monat für fünf Jahre. Gern sind die Mitglieder des Lebendigen Rosenkranzes zu dieser Spende bereit, doch braucht Pauline dafür die kirchliche Genehmigung.

31 MASSON CATHERINE, Pauline Jaricot 1799 -1862, Die Biographie der „Mutter der Weltmission", S. 428

Pauline entscheidet sich, nicht nur diese persönlich zu holen. Sie will durch ganz Frankreich pilgern und um Spenden bitten.

Pauline plant gleich eine weitere Reise. Nun darf sie auch auf die Unterstützung ihres Ortsbischofs zählen: Erzbischof von Lyon, Kardinal de Bonald[32], der Pauline sehr schätzt, gibt ihr den Segen und spricht ihr neuen Mut zu. Im Juni 1849 beginnt sie also eine weitere lange Reise quer durch Frankreich. Zusammen mit Maria Dubouis führt ihr Weg nach Moulins, weiter nach Tours und von dort in die Hauptstadt Paris, wo sich ihr wiederum Julia Maurin anschließt. Alle finden herzliche Aufnahme im Kloster der Ordensfrauen vom Heiligsten Herzen Jesu (Sacré Coeur), deren Gründerin Sophie Barat sie bereits in Rom beherbergte. Die Ordensgründerin kann ihr Erstaunen nicht verheimlichen, wie gealtert, müde und besorgt Pauline aussieht. Doch Pauline ist es nicht so bedeutsam: Sie hat ihr Ziel vor Augen, ihr Leben ganz für die Kirche einzusetzen.

Zuerst spricht Pauline beim Nuntius Monsignore Raffaele Fornari vor, der sie väterlich empfängt und dem sie ihr Herz ausschütten kann. Tags darauf findet das entscheidende Gespräch beim Präsidenten des Zentralrates für die Glaubensverbreitung statt. Ihm trägt sie ihre Not vor, ihn bittet sie demütig, den Titel „Stifterin des Werkes der Glaubensverbreitung" zu erhalten, um kleine Spenden aus dem Werk der Glaubensverbreitung zu bekommen und damit das Liebeswerk für die Arbeiter retten zu können. „Kommen Sie in acht Tagen wieder", ist die Antwort des Präsidenten. Der Empfang nach einer Woche ist eiskalt, ebenso der ergangene Bescheid: „Der Verwaltungsrat lehnt es ab, dem Fräulein Jaricot einen Titel öffentlich anzuerkennen, den sie bisher nie beansprucht hat ..." Die verletzenden Bemerkungen nimmt Pauline schweigend hin, ohne sich zu rechtfertigen. Gegenüber ihrer Begleiterin Julia Maurin

32 Louis-Jacques-Maurice de Bonald war von 1839 bis 1870 Erzbischof von Lyon, seit 1841 auch Kardinal.

äußert sie: „Lasst uns zu Jesus gehen! Was ich soeben gehört habe, ist sehr hart. Aber alles kommt von Gott; vergessen wir es nicht und wiederholen wir: fiat!“

Um die drohende Versteigerung der Maison de Lorette und des Hüttenwerkes in Rustrel abzuwenden, setzen Pauline und ihre Begleiterinnen die Besuche fort. „Mutter, woran denken Sie, wenn sie von Haus zu Haus gehen?“ Pauline antwortet: „An die Stationen des Kreuzweges“. Gerade der Kreuzweg gab ihr Kraft, gerade im Kreuzweg sah sie ihren Heiland und ihr größtes Vorbild, wie er niederfällt und weitergeht – aus Liebe zu seiner Kirche. Ihm wollte sie nachfolgen.

Als eines Tages Pauline abgekämpft, traurig und wortlos mit ihrer Gefährtin zurückkommt, nimmt Mutter Barat Maria Dubouis zur Seite. Sie versucht zu erfahren was denn passiert ist, dass Pauline auf einmal so entmutigt wurde: „Erzähl mir Kind, was ist heute passiert?“ Marias Augen füllen sich mit Tränen und stockend beginnt sie zu erzählen. „Wir gingen von Haus zu Haus und klopften an, aber niemand machte uns auf. Dann kamen wir zu einem ganz alten, baufälligen Haus. Da Mutter Pauline so müde war, schlug ich vor, dass wir uns auf die Stufen des Hauses setzen und unsere Brotzeit essen.“ – „Ja, und was geschah dann?“ fragt Mutter Barat nach – „Dann sah uns der Eigentümer und befahl uns in schroffem Ton sofort zu gehen, denn er will keine Landstreicher auf seinem Grundstück.“ – „Landstreicher, Maria? Aber konnten Sie ihm es nicht erklären ...?“ – „Mutter Pauline ließ es nicht zu.“ Da antwortet Mutter Barat: „Ich glaube, wir haben eine Heilige unter uns.“ Maria nickt und spricht: „Ich denke auch so. Und nie werde ich sie verlassen, mag kommen, was will!“

Gott sei Dank, stellt Gott Pauline auch immer wieder Menschen zur Seite, die sie unterstützen und ihr wohlgesinnt sind. Ja, es gibt auch Kräfte in der Kirche, die Pauline ehren und ihren Plan zur

Rettung des Sozialwerkes gut heißen. So wird durch die Initiative des Nuntius im Jahr 1849 ein Ausschuss gegründet, geleitet von drei Priestern, der um Spenden bittet. Auch Bischof Clément Villecourt und andere Bischöfe geben Empfehlungen ab. Pauline richtet ihren Blick – wohl mit Billigung des Komitees – nach dem Ausland. Der Nuntius stellt Pater Paul de Magallon[33], Superior der Barmherzigen Brüder in Paris, aufgrund seiner früheren Kontakte nach Österreich und Preußen an die Spitze der Reisegruppe. Pauline traut sich die Reise nicht mehr zu. Sie ist zu schwach. Sie zieht sich zurück und bittet ihre Freundin Julia Maurin sie zu vertreten.

Ohne sie findet die Reise statt. Ihre erste Station im Juli 1849 ist Schloss Frohsdorf in Niederösterreich. Dort trifft Julia Maurin Maria Thérèse Charlotte de Bourbon, die Herzogin von Angoulême. Weiter geht es nach Wien zu Franz Joseph, Kaiser von Österreich, und nach Potsdam auf Schloss Sanssouci zu Friedrich Wilhelm IV, König von Preußen. Nachdem sie auch Graf von Chambord noch in Ems aufgesucht haben, führt die Reise zurück nach Paris. Julia Maurin wächst in ihrer neuen Funktion als Vertreterin und Vertraute der Pauline Jaricot. Als Pater de Ravignan, damals Jesuit in Paris, den Rat gibt, nach England zu gehen, übernimmt wiederum Julia Maurin diese Aufgabe und reist im Oktober 1849 in das Vereinigte Königreich. Vier Monate lang ist sie unterwegs, um um Hilfe bei Kirchenfürsten, zum Beispiel beim Erzbischof von Westminster, Nicholas Wiseman, beim Bischof Gillis von Edinburgh, dem Erzbischof von Dublin Daniel Murray und ande-

33 Paul de Magallon 1784 in Südfrankreich geboren, zeitweise im Exil in Italien und in Preußen. Von 1802 – 1817 Leutnant in der preußischen Armee. Mit Gefährten tritt er 1823 in den Orden der Barmherzigen Brüder ein. Er nennt sich Jean de Dieu (Johannes von Gott) nach dem Gründer der Barmherzigen Brüder. Er wird beauftragt, den Orden in Frankreich wieder zu errichten. Er durchreist ganz Frankreich, um Spenden zu sammeln. Auch Pauline Jaricot unterstützt ihn bei der Errichtung von psychiatrischen Krankenhäusern. Siehe dazu: Paul Dreyfus, Infirmier par amour. Paul des Magallon (1784–1859). Restaurateur de l´ordre hospitalier de Saint-Jean-de-Dieu, Paris 1993.

ren zu bitten. Die Unterstützer werden mehr und mehr. Das Werk Paulines findet Beachtung und Respekt.

Schloss Frohsdorf in Niederösterreich war bis 1941 Eigentum der französischen Adelsfamilie Bourbon.

Zur gleichen Zeit ist Pauline Jaricot mit Maria Dubouis im Norden, Westen und Zentrum Frankreichs unterwegs, um bei den Mitgliedern des „Lebendigen Rosenkranzes“ Gaben zu sammeln. Einen kleinen Einblick in die mühevollen Reisen gibt ein Bericht der treuen Maria Dubouis: „In einem großen Leinensack, den ich auf dem Rücken trug, befanden sich zwei Kissen und eine Decke, womit ich meiner armen Mutter ein Nachtlager zu bereiten pflegte; dann unsere Kleidungsstücke, Bücher und zwei Guss-Medaillons, welche sie gern vorzeigte, um die Schönheit des Gesteins Unserer Lieben Frau von den Engeln zu zeigen. In einer schwarzen Tasche, die ich unter meinen linken Arm schob, führte ich die Geschäftspapiere (ach, ganze Pakete!) mit; dann auch Medaillen, Kreuze, Rosenkränze, welche unsere Mutter austeilte. Das alles war so schwer, dass ich oft derartige Schmerzen in meinen Beinen verspürte, als wollten sie brechen; ich sagte aber nichts und ging immer barfuß, während sich unsere Mutter, ganz kraftlos, mit aller Schwere auf meinen rechten Arm stützte ..."

Von Februar bis Mai 1850 hält sie sich mit ihrer Begleiterin in Chavagnes bei Mutter Saint Laurent auf.[34] Diese Wochen tun ihnen gut. Sie sind eine Atempause in ihren Bedrängnissen. Aber dann heißt es wieder weiterwandern, „um um die Brosamen zu betteln, die von dem Tisch fallen, den die Nächstenliebe gedeckt hat ..."[35]

Nach der Rückkehr übergibt Julia Maurin alle erbettelten Gelder an Pauline Jaricot, deren Kräfte total erschöpft sind. Wenngleich großmütige Herzen viel gegeben haben, so reichen die Gaben nicht, um die erdrückende Schuldenlast zu tilgen, die aufgrund der Zinsen immer mehr angewachsen ist. Als Erfolg ist die Tatsache zu werten, dass bei der geplanten Zwangsversteigerung von „Unserer Lieben Frau von den Engeln" und von Lorette ein Aufschub erreicht wird.

34 Mutter Saint Laurent ist eine enge Freundin und Vertraute von Pauline. Sie ist Generaloberin der Ursulinen in Chavagnes-en-Paillers in der Vendée. Beide verbindet das Kreuz. 1834 beginnt der Briefwechsel mit wenigen Briefen, ab 1853 gibt es eine Vielzahl von Briefen. 125 Briefe, die Pauline an Mutter Saint Laurent geschrieben hat, wurden veröffentlicht.

35 Lettres de Pauline Jaricot, Lettre 9

ÄRMER ALS DIE ÄRMSTEN

Endlich – im August 1850 – kehrt Pauline nach Lyon in ihr Heim zurück. Leider findet sie in ihrer geistlichen Familie sieben Plätze leer. Wie Jesus die Zwölf fragte: „Wollt auch ihr weggehen?" (vgl. Joh 6, 67), so stellt auch Pauline ihren Töchtern die Frage: „Und ihr, wollt auch ihr mich verlassen?" Alle beteuern, bleiben zu wollen bis zum Ende. Aber aufgrund der Not und des Ratschlags des Hausgeistlichen Rousselon gehen weitere fünf Töchter der Gesellschaft Mariä weg. So sind die Worte im Brief an Mutter Saint Laurent gut zu verstehen: „Ich bin bald eine Hirtin ohne Schafe und eine Mutter ohne Kinder . ." Und im gleichen Brief beschreibt sie das Leben der Hingabe: „.. sich mit der Gegenwart begnügen, nicht an die Zukunft denken, das heißt sich in allem auf den himmlischen Vater verlassen, der weiß, was die Töchter Mariens brauchen."[36] Treu bleiben Maria Melquiond, Maria Dubouis und Sophie Germain. Die Gruppe ist zwar klein, doch auch hier weiß sich Pauline getragen. Tapfer nimmt sie die Situation auf sich. In Stunden des Verlassenseins vollzieht sie die Ganzhingabe, wie sie vom heiligen Ludwig Maria Grignion von Monfort im Goldenen Buch aufgezeichnet ist.[37] Sie formuliert schriftlich:

„Maria, meine Mutter! Ich übergebe und überlasse mich Dir ganz, indem ich mich Deiner mütterlichen Sorgfalt anvertraue. Nicht mehr mir, sondern Dir gehöre ich an, für Gott allein, ohne Vorbehalt und für immer."

---

36 Lettres de Pauline Jaricot, Lettre 45

37 Siehe dazu: Grignion de Monfort Louis-Marie, Das goldene Buch der vollkommenen Hingabe an Jesus durch Maria, Maria Roggendorf 2007. Das Wesen der Ganzhingabe besteht in der völligen Schenkung seiner selbst und allen Besitzes an die seligste Jungfrau, um durch sie ganz Jesus Christus anzugehören.

Gerade die Schmerzensmutter und deren Bild in der Kapelle von Lorette, ist Pauline ein Trost und ein sicherer Zufluchtsort. Dort bittet sie um Trost.

Pauline Marie Jaricot im Alter – ein authentisches Foto

Sie weiß, die Muttergottes unter dem Kreuz leidet mit ihr. Und sie lässt sie nicht allein. In der Maison de Lorette fehlt es an allem: Am Brot zum Essen, am Öl für die Beleuchtung, an Heizmaterial ... Hätten nicht die Verwandten Paulines die Not lindern können? Nachdem Sophie 1844 und Paul 1849 verstorben sind, lebt keines ihrer Geschwister mehr. Und die Neffen und Nichten meinen: Alles für Tante Pauline – nichts für die Gläubigen! Eine nur für die persönlichen Bedürfnisse angebotene Pension lehnt Pauline aber entschieden ab. Denn ihr Herz verschenkt in ihrer Güte noch das Wenige, das sie besitzt. Wie früher klopfen an die Tür von Lorette Menschen in Not. Großherzig und vertrauend gibt sie manchmal den letzten Pfennig. Zu Christus gehören bedeutet, im Herzen stets eine lebendige Flamme der Liebe brennen zu lassen, auch wenn sie mit Schwierigkeiten und Leiden verbunden ist.

Noch wenige „Reiche“ halten zu Pauline. Beispielsweise Graf und Gräfin de Bremond aus Paris und Mutter Saint Laurent sind Paulines treu gebliebene Freunde. Pauline nennt sie „die wohltätige Dreifaltigkeit“ oder die „barmherzigen Samariter“. Wenn sie Geld schicken, so bringt Maria das Geld heimlich den kleinen Gläubigern; denn das ist eines ihrer Hauptanliegen – bis zum Lebensende. Kurz vor ihrem Tod ringt Pauline ihrer Gefährtin ein Versprechen ab: „Mein Kind, bitte tun Sie alles Mögliche, um zu bezahlen, was ich unseren armen Freunden noch schulde.“ „Oh ja, ich verspreche es ihnen und werde es nicht vergessen“, antwortet Maria Dubouis.

Das noch immer erhoffte Sozialwerk der Arbeiter erhält am 12. Mai 1852 den Todesstoß. Pauline muss aufgrund der Bedrängnis durch die Gläubiger der Zwangsversteigerung des Besitztums Unserer Lieben Frau von den Engeln zustimmen. Zu einem Schleuderpreis werden das Hüttenwerk Rustrel und die anderen Güter verkauft. Ihr Maison de Lorette wird mit den verbleibenden Schulden belastet und soll in einiger Zeit ebenfalls versteigert werden. An Mutter Saint Laurent schreibt Pauline in einem Brief vom 12. Juni 1851: „Ja, der Teufel ist wütend, dass dieses arme Haus Mariens (Loreto) noch steht, und er will es um jeden Preis umstürzen.“[38] Im gleichen Brief bittet sie innig ums Gebet. Sie vergleicht ihre Situation mit jemandem, der über einen 90 m tiefen Brunnen an einem einzigen Haar aufgehängt ist. Das Haar droht zu zerreißen – und das schon fünf Jahre. Doch die allmächtige Hand des Herrn hält das Haar fest.

38 Lettres de Pauline Jaricot, Lettre 15

Die Bekanntmachung der Verkaufsfreigabe von Rustrel

Auch jetzt, wo Rustrel liquidiert ist, sieht sich Pauline geborgen in Gott. Sie sucht in der Hauskapelle Zuflucht beim eucharistischen Heiland. Versunken im Gebet trifft sie Maria Dubouis an. Halblaut sagt sie: „Der Curé d'Ars ist da!". Diese Information rüttelt die Betende schnell auf. Gleich eilt sie hin zum Altar der heiligen Philomena. Der Pfarrer von Ars kommt ihr entgegen. Mit liebevollem Blick tröstet er sie gütig: „Oh, meine Schwester! Gott hat die große Prüfung zugelassen. Sie werden erst im Himmel die Absicht unseres guten Meisters verstehen ... Dort wird Er Ihnen das Warum erklären. Wir aber werden dann mit ganzem Herzen Ihm Dank sagen." Pauline fühlt sich allein durch die Anwesenheit ihres Geistlichen Begleiters gestärkt. Schweigend nimmt sie auch diese Prüfung an. Und von der Kanzel predigt Jean Vianney: „Ich kenne eine Person, die die Kreuze, auch die schwersten Kreuze annimmt und mit großer Liebe trägt. Ihr Name ist Fräulein Jaricot."

Am 26. Februar 1853 wird Pauline mit einem Brief auf die Armenliste gestellt. In einem Bescheid liest sie:

„Armenpflege von Lyon.

Ich, Unterzeichneter, Verwalter des 11. Unterstützungskomitees, bescheinige die Armut der Pauline Jaricot, wohnhaft Montée St. Barthelemy Nr. 50, die auf der Armenliste steht und Unterstützungen erhält. Lyon, 26. Februar 1853 Gonin, Pfarrer zu Saint-Just, Vizepräsident des 11. Unterstützungskomitees".

Bureau de Bienfaisance.

Je soussigné, Administrateur du 11 Comité de secours de Lyon, certifie l'indigence d

demeurant N.° 50.

l quel est sur le Rôle des indigens, et reçoit les secours

Lyon, le 26 fevrier 1853. Gonin

ARCHEVECHE de LYON

ARCHIVES

Mit diesem Dokument wurde Pauline Jaricot offiziell in die Armenliste aufgenommen.

Trotz ihrer Armut überlegt Pauline, wie sie für ihre kleinen Gläubiger finanzielle Mittel erhalten kann. Da kommt ihr beim nächtlichen Gebet der Gedanke, durch ihr Grundstück einen Fußweg eröffnen zu lassen. Gegen eine Gebühr von einem Sou könnten ihn die Pilger als Abkürzung zur Fourvière-Kapelle benutzen. Der Erzbischof von Lyon de Bonald ist einverstanden und der Präfekt des Rhône Departements genehmigt den Plan. Mit Almosen, die sie selbst in der Stadt sammelt, bezahlt sie jeden Abend die Arbeiter. Am 8. Dezember 1852, dem Fest der Unbefleckten Empfängnis, wird der neue Weg – der Philomena-Steig – eröffnet. Gleich im ersten Jahr bringt er einen Ertrag von circa 14.000 Franken. Doch leider kommt nicht ein Sou den kleinen Gläubigern zugute, sondern – wie gesetzlich vorgeschrieben – gehört alles den Hypothekengläubigern. Nun hat sich auch ihre große Hoffnung – mit dem Weg Schulden zu bezahlen – in Luft aufgelöst.

In den Straßen von Lyon beschimpft und verspottet man das „reiche Fräulein Jaricot“ als „verlogene Millionärin“. Ihr wird vorgeworfen, verborgene Schätze zu besitzen und ihre Schulden nicht zu bezahlen. Außerdem heißt es, dass sie sich der Erweiterung der Kirche von Fourvière widersetzt, geldgierig keinen Bruchteil ihres Grundstücks abtritt und die kirchliche Obrigkeit verachtet. Es stimmt, dass auf dem Fourvière-Hügel eine große Wallfahrtskirche entstehen soll. Deshalb bedrängen die Mitglieder des neu gegründeten Ausschusses Pauline, die Maison de Lorette zu verkaufen. Aber der Preis, den sie bieten, erscheint Pauline viel zu niedrig. Pauline verteidigt ihre kleinen Gläubiger. Ihren Herzenswunsch drückt sie im Brief an Mutter Saint Laurent so aus: Ich will meine Schulden bezahlen, und ich bin bereit, mein ganzes Gebäude demjenigen zu überlassen, der mir den Preis von 400.000 Francs, die ich schulde, dafür gibt ...“[39]

39 Lettres de Pauline Jaricot, Lettre 89

Aber es gibt auch kleine Freuden im Alltag Paulines: der 8. Dezember 1854 ist ein solcher Freudentag. An diesem Tag wurde von Papst Pius IX. auf dem Petersplatz in Rom feierlich das Dogma von der Unbefleckten Empfängnis Mariens verkündet. Es ist ein Tag des Jubels und des Dankes für Pauline, so dass sie am 13. Dezember an ihre „Cyrenäerin, Mutter Saint Laurent, schreiben kann: „Wenn mich nun die Versuchung der Traurigkeit überfällt, werde ich immer ein mächtiges Wort zur Antwort haben: ‚O Maria, ohne Sünde empfangen, bitte für uns, die wir unsere Zuflucht zu dir nehmen“[40]. Pauline leidet zwar unter der persönlichen Situation. Ihre Größe zeigt sich daran, dass sie sich dennoch über die Freude der Gesamtkirche freuen kann, ja dass diese Freude zu ihrer Kraftquelle wird.

Pauline gibt nicht auf. Es vergehen Monate. An der Situation der „armen Schuldnerin“ ändert sich nichts. Die Auseinandersetzungen mit dem Fourvière-Ausschuss halten an. Hinzu kommt ein neuer Konflikt mit der Nachbarin, die einen Konkurrenzweg zum Philomena-Steg errichten will. Pauline soll zustimmen, dass eine Mauer auf ihrem Grundstück durchbrochen wird, damit der geplante Weg in den ihren münden kann. Die Einnahmen sollen dann geteilt werden. Diesem Vorhaben stimmt Pauline nicht zu.

Nicht nur in Lyon und in Frankreich schmäht man die Gründerin des Lebendigen Rosenkranzes und des Werkes der Glaubensverbreitung. Die Verleumdungen dringen bis nach Rom zu Papst Pius IX., der seit 1846 Nachfolger von Papst Gregor XVI. ist. Als Pauline davon erfährt, ruft sie schmerzerfüllt aus: „... Dass aber das Oberhaupt der Kirche, die ich immer liebte und verehrte, an mir zweifelt: Das ist nicht mehr auszuhalten ...!“. Pauline wird „raffinierte Intrigantin“ und „Heuchlerin“ genannt. Stolz und Habgier werden ihr unterstellt. Schnell verfasst sie an Kardinal Giusto

40 Lettres de Pauline Jaricot, Lettre 53

Recanati, den aktuellen Protektor des Lebendigen Rosenkranzes, ein Verteidigungsschreiben. Nochmal schaut Gott auf die Misere seiner Tochter. Nochmal eilt Er ihr zu Hilfe.

Von Pauline als Abkürzung zur Kapelle Notre Dame de Fourvière erbaute Stiege

ZUM DRITTEN MAL NACH ROM

An der Pforte von Lorette läutet es. Pauline bittet Maria Dubouis zu öffnen, sie selbst ist krank und meint schmerzerfüllt: „Hoffentlich kommen nicht schon wieder harte Beschuldigungen oder neue Bettelbriefe von Gläubigern – so wie gestern. Überrascht sieht Maria Dubouis den Herrn an der Tür, der ihr freundlich einen Brief reicht: „Mich schickt Graf de Bremond. Ich soll diesen Brief hier an Pauline Jaricot persönlich abgeben, denn es heißt, dass an sie adressierte Briefe abgefangen und unterschlagen werden."

Dankend empfängt Pauline das Schreiben der gräflichen Familie Bremond. Darin wird ihr der Rat von Clément Villecourt, seit 1856 Kardinal in der römischen Kurie, mitgeteilt nach Rom zu reisen. Dies sei der sicherste Ausweg, um allen Verleumdungen im Vatikan entgegenzutreten. Selbst für die Fahrtkosten kommen die „drei Samariter" auf. Graf und Gräfin de Bremond und Mutter Saint Laurent schicken 300 Franken für die Reise. An Maria Dubouis gewandt, spricht Pauline: Werden aufgrund meines Armenscheines nicht 100 Franken für die Reise reichen? Könnten wir nicht den Rest einem kleinen Gläubiger geben?" – „Ein guter Gedanke!", ruft die Gefährtin aus, und überbringt freudestrahlend 200 Franken einer armen Arbeiterin.

Sobald Pauline zu Kräften gekommen ist, ordnet sie sorgfältig alle Schriftstücke und denkt an die Abreise. In der letzten Nacht schließt sie kein Auge. Sie denkt an ihre Maison de Lorette, an ihre geistlichen Töchter, die sie zurücklassen muss und an die ungewisse Zukunft. In der Kapelle betet sie mit ausgespannten Armen um Gottes Schutz und Segen für die Reise und ihr „liebes Daheim".

Ausgerüstet mit der schwarzen Tasche, die wieder Dokumente, Bücher, Andachtsgegenstände und Proviant fasst, dem Tuchsack, gefüllt mit Kleidungsstücken, zwei Kissen und einer Decke, gehen Pauline und Maria Dubouis an einem Oktobertag 1856 abends in die Stadt hinunter. Mit dem Zug fahren sie in dritter Klasse preisgünstig in 15 Stunden nach Marseille. Doch leider erleben sie eine Enttäuschung. Das Schiff geht erst am nächsten Tag ab. Wohin in der Zwischenzeit?

Da erinnert sich Pauline an eine Freundin, die ihr früher ein Absteigequartier angeboten hat. Nachdem die beiden zweimal dort anklopfen und stundenlang warten, werden sie von einem Mädchen im Auftrag der Hausherrin abgewiesen. Da bleibt ihnen nur die Übernachtung in einer kleinen Wirtschaft.

Am frühen Morgen beten sie in der Marienkapelle Notre-Dame de la Garde[41]. Dort empfangen sie auch die Heilige Kommunion. So gestärkt und getröstet, gehen sie zum Hafen. Dank des Armenscheins verringern sich die Kosten auf ein Viertel des regulären Preises. Auf dem Deck zwischen Warenballen nehmen die beiden ihren Platz ein und erleben eine sehr sturmvolle und gefährliche Fahrt. In der zweiten Nacht entgeht das Schiff einem knappen Zusammenstoß mit einem neapolitanischen Boot. Pauline und ihre Begleiterin rufen vertrauensvoll Maria als den „Meeresstern" und die „Hilfe der Christen" an.

So kommen die beiden Französinnen durchnässt und müde bei Kardinal Villecourt an, der sie in väterlicher Güte empfängt. Wie bei ihren ersten der beiden Romreisen dürfen sie wiederum im Kloster der Sacré Coeur Schwestern bei Trinità dei Monti Quartier beziehen. Der Kirchenfürst richtet ein Bittgesuch an Papst Pius IX., dem auch Pauline das ihrige beifügt und vermittelt Pauline und Maria Dubouis eine Privataudienz beim Pontifex.

---

41 Anstatt der alten Marienkapelle entstand die Marien-Wallfahrtskirche Notre-Dame de la Garde. 1853 Grundsteinlegung, 1864 Einweihung durch Kardinal Villecourt.

Papst Pius IX. (Papst von 1846 – 1878)

Nun kann Pauline ihre traurige Lage persönlich schildern und ihre Herzensbitten vortragen. Und gleich danach beauftragt der Heilige Vater Kardinal Villecourt, an Kardinal de Bonald von Lyon zu schreiben, dass er sich für die Stifterin der Glaubensverbreitung beim Verwaltungsrat einsetzt. Am 1. November 1856 dürfen die beiden einer feierlichen Papstmesse im Vatikan beiwohnen. Noch ein paarmal sind sie Gäste des Heiligen Vaters.

Kurz vor ihrer Abreise aus Rom erfährt Pauline eine besondere Ehre. Bei einer Generalaudienz, bei der ein großes Publikum versammelt ist, lässt sie der Stellvertreter Christi vor Seine Heiligkeit treten, um nochmals ihr Bittgesuch vorzutragen. Darauf antwortet Papst Pius IX.: „Meine Tochter Pauline Jaricot! Mit Rücksicht auf ihre Verdienste um die heilige Kirche Gottes ist es gerecht und billig, dass das Werk der Glaubensverbreitung ihre Schulden bezahle …". Pauline ist sich nicht sicher, ob der Verwaltungsrat den Akt der Gerechtigkeit wirklich setzen wird. Dennoch sind die Tage in Rom ein Balsam für ihre leidgeprüfte Seele.

ZERTRETEN WIE EINE AMEISE

Kaum erholt von den vielen Schwierigkeiten, ballen sich schon die nächsten zusammen: Als Pauline und Maria Dubouis nach einer ruhigen Rückreise in der Maison de Lorette in Lyon eintreffen, erwarten sie zwei negative Nachrichten:

Trotz fehlenden Einverständnisses hat die Nachbarin in ihrer Abwesenheit sogar die Mauer auf ihrem Grundstück durchbrechen lassen. Nach reiflicher Überlegung und innigem Gebet erhebt Pauline Klage bei Gericht. Sie ist dabei erfolgreich. Die Richter entscheiden, dass der ursprüngliche Zustand der Mauer wiederhergestellt werden muss.

Und die Verwaltungsräte in Lyon und Paris lehnen es weiterhin ab, auch nur fünf Centimes monatlich von den Mitgliedern des Werkes der Glaubensverbreitung zur Schuldentilgung zu erbitten. Wie ein Felsblock, der sich nicht bewegt, agiert der Vorstand. Schon in früheren Jahren, als Priester Sammlungen für Pauline Jaricot veranstalten wollten und der Verwaltungsrat in Paris davon Kenntnis erhielt, erließ das Komitee ein Verbot. Warum widersetzt sich der Verwaltungsrat sogar den Wünschen des Heiligen Vaters Papst Pius IX? Für die Herren des Verwaltungsrates gilt der 3. Mai 1822 als Gründungstag des Werkes der Glaubensverbreitung.

Um die Wahrheit darüber ans Licht zu rücken, bittet Pauline den Priester Girodon, der damals Zeuge und Teilnehmer an der vielbesagten Sitzung war, mit dem Verwaltungsrat Kontakt aufzunehmen. Das Ergebnis eines mühevollen Briefwechsels ist niederschmetternd: Pauline, die wahre Stifterin des Werkes der Glaubensverbreitung, hat kein Recht auf diesen Titel. Aufgrund dieses unbeugsamen Neins konnte auch eine Bittschrift an Kaiser Napoleon, veranlasst durch die gräfliche Familie Bremond, keinen Erfolg haben. Pauline erklärt schon im Vorfeld gegenüber Graf Bremond: „Ich werde mich allem fügen und bis zu meinem letzten Atemzuge kämpfen, gleich als stünde es in meiner Macht, den Berg abzuschütteln, der mich erdrückt, und sterbend werde ich dem lieben Gott alles überlassen: Er wird dafür sorgen, dass die Ungerechtigkeit nicht das Übergewicht bekommt."[42]

Um gegen die gehässige Verleumdung – Pauline habe zu ihrem Vorteil Gelder des Werkes der Glaubensverbreitung unterschlagen – Einspruch zu erheben, schreibt sie mit letzter Kraft nochmals einen Brief an die Herren des Verwaltungsrates. Darin heißt es unter anderem: „... Nie habe ich Vereinsgelder der Glaubensverbreitung zu verwalten oder auszuteilen gehabt. Ja, meine Herren, nicht die Verwalterin bin ich, sondern die wahre Stifterin des Vereins. Ich habe den Plan erfunden, den Verein ins Leben gerufen und dem Vorsteher der Missions Étrangères die ersten Sammelgelder übergeben. Meine Herren, ich habe Verfolgungen erlitten, die das Merkmal aller Werke sind, deren Ruhm Gott allein angehören soll. Trotzdem habe ich mit der Gnade Gottes und auf den Rat des Herrn Gourdiat ausgeharrt. Nach ungefähr drei Jahren kam Herr Inglesi nach Lyon, hörte von dem Plan und bemächtigte sich dessen, wie wenn es sein eigenes Erzeugnis gewesen wäre ..."[43]

Aber auch dieser letzte Klageruf bleibt ohne Wirkung. Das Wort Paulines „Die schmerzhaftesten Kreuze sind die, die uns die Freunde Gottes mit guten Absichten auferlegen" ist hier sehr verständlich.

Pauline sieht sich als „arme Ameise", wobei es nicht viel Mühe braucht, um diese zu erdrücken. Sie selbst schreibt im Brief an Mutter Saint Laurent am 28. April 1858:

---

42 Julia Maurin, Das Leben, Wirken und Leiden der gottseligen Pauline-Maria Jaricot, Trier 1898, 287 f.

43 ebd. 278f.

Das Kreuz, das Pauline vom Pfarrer von Ars geschenkt bekam.

„Die Ereignisse, die sich seit mehr als zwölf Jahren abgespielt haben, sind wie ein Tag des immerwährenden Sturmes und der ständigen Anstrengungen gegen die Wellen des Meeres ...“[44]

Und doch darf sie noch einen Lichtstrahl im Jahr 1858 erleben: Kardinal Villecourt, den sie seit Kindesbeinen kennt und der sie noch immer zu unterstützen sucht, besucht sie in der Maison Lorette. Freude und Dankbarkeit erfüllen Paulines Herz. Und noch jemand hilft Pauline, so wie er kann: ihr Neffe Ernest Jaricot, Sohn von Paul. Er schenkt seiner Tante jedes Jahr im Frühling eine Ziege, deren Milch für die Gemeinschaft von Lorette nützlich ist.

Pauline ist bewusst, dass es nicht viele sind, die bereit sind, sie zu unterstützen. Umso größer ist ihr Schmerz, als sie erfährt, dass am 4. August 1859 in Ars Pfarrer Vianney verstorben ist. Lebhaft denkt sie an ihren letzten Besuch im März 1859 in Ars. Es war sehr kalt, das ärmliche Zimmer des Pfarrhauses konnte aber nicht geheizt werden. Als sich der Pfarrherr bemühte, die längst erloschenen und feuchten Holzstücke wieder anzuzünden, sagte er: „Meine Schwester, der liebe Gott sollte für sie das tun, was er für mich getan hat. Eines Tages hatte ich Mangel, großen Mangel an Geld. Ich brauchte viel, wusste aber nicht, wie ich mir helfen sollte. Da nahm ich morgens eine schwergefüllte Börse wahr, die, ich weiß nicht woher, auf dem Tische lag, den sie dort sehen ...“. Da schon ungeduldige Pilger ins Pfarrhaus drängten, sagte Pauline nur kurz: „Beten Sie, ehrwürdiger Vater, damit ich in der vollen Ergebung in den Willen unseres Heilandes unerschütterlich bleibe, was Er auch von mir verlangen mag.“ „Oh ja, ganz gewiss, Sie werden es bis zum Ende bleiben“, antwortete der Heilige.[45] Und beim Weggehen gab der Pfarrer von Ars Pauline ein einfaches

44 Lettres de Pauline Jaricot, Lettre 95
45 Maurin Julia, Das Leben, Wirken und Leiden der gottseligen Pauline-Maria Jaricot, Trier 1898, S. 225 f.

Holzkreuz, auf dem geschrieben steht: „Gott allein als Zeuge, Maria als Unterstützung und mehr nicht. Nichts als Liebe und Aufopferung.“ Berührt muss Pauline feststellen, dass sie dem Auftrag treu geblieben ist. Wohl spürt sie, dass auch ihr Ende naht. Sie ist schwach, die Glieder schmerzen und Herzbeschwerden und eine Wunde an der Brust quälen sie.

Der Schrein mit dem unversehrten Leib des Heiligen Pfarrers von Ars

SELIGER HEIMGANG ZU GOTT

In vielen Wochen hat Pauline ihre Papiere sorgfältig durchgesehen und sortiert. An einem Tag im Oktober 1861 seufzt sie: „Maria, verbrenne schnell diesen elenden Kram, nie mehr soll davon die Rede sein ... Ich vergesse alles, ich verzeihe alles, damit unser Heiland auch mir verzeiht und alle Fehler meines Lebens vergisst ...“ – Und ein Stoß von blauen Briefen geht in Flammen auf, während Pauline still auf das Kreuz schaut.

„Jetzt ist der Stolz an der Reihe“, fährt Pauline fort. „Wir wollen alles verbrennen, was die Meinung aufkommen lassen könnte, dass die kleine Ameise in ihrem Leben etwas Gutes getan und einige Verdienste erworben hat.“ – Und ein Stoß von Briefen aus aller Welt und von hochrangigen Kirchenfürsten wird dem Feuer übergeben.

Nun fügt Pauline noch eine Bitte an ihre treue Maria an: „Meine Tochter! Sie allein wissen, was ich gelitten habe. Bitte versprechen sie mir, nie etwas zu sagen, was die Nächstenliebe oder den Ruf eines Menschen verletzen könnte.“ „Ich verspreche es Ihnen“, antwortet Maria Dubouis.

Anfang Oktober 1861 nimmt Pauline noch am Rosenkranzfest teil und am 13. Oktober leitet sie mit letzter Kraft das monatliche Treffen der Beraterinnen des Lebendigen Rosenkranzes. Dann geht es nicht mehr. Sie muss sich ins Bett legen. Die Krankheit schreitet fort und auch der Arzt gibt keine Hoffnung mehr. Das Kreuz in Händen haltend, betet sie: „Mein Heiland, du willst es; ich will es auch! Aber gib mir die Kraft, dass ich mich völlig unterwerfe.“ „Fiat!“ und „Gloria Patri et Filio et Spiritui Sancto“.

Am ersten Adventsonntag 1861 empfängt Pauline die heilige Krankensalbung. Nach dem Empfang der Heiligen Kommunion spricht sie: „Ich glaube von ganzer Seele an die heilige, katholische, apostolische und römische Kirche. Ich liebe und ehre sie als meine Mutter." Es folgen Wochen schweren Ringens – auch gegen die Mächte der Hölle. Mit den Stoßgebeten „Süßes Herz Mariä, sei meine Rettung! Mein Jesus, Barmherzigkeit!" kämpft sie dagegen an.

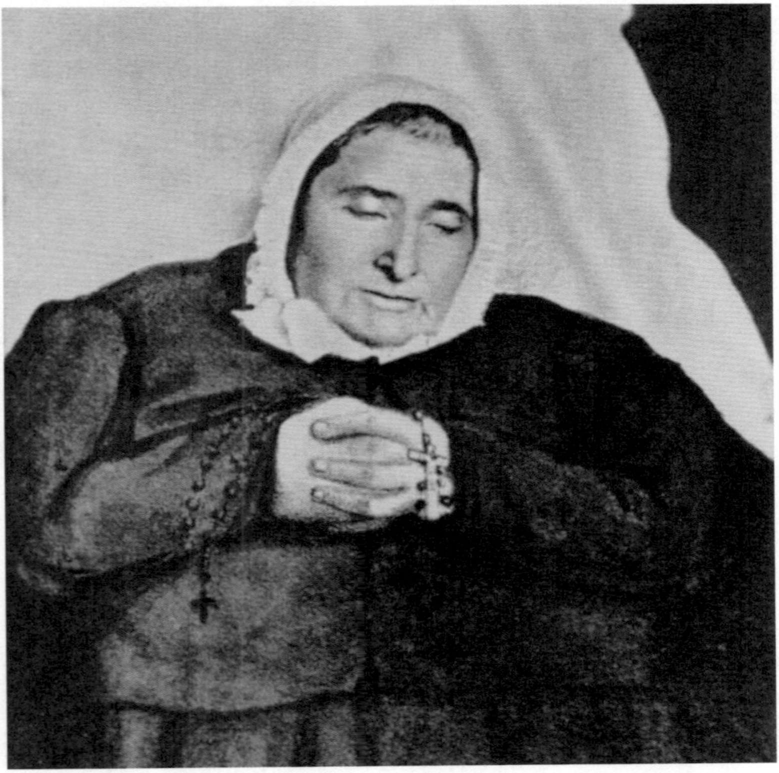

Pauline im Sterbebett

Acht Tage vor ihrem Tod – wir schreiben schon das Jahr 1862 – eilt auch ihre Nichte Pauline Perrin, die ihr viel Leid bereitet hat, an ihr Bett. Mutter Pauline grüßt sie mit ihrem früheren Namen Schwester

Philomène und bittet sie bei ihren Schwestern zu bleiben. An alle gewendet, spricht sie: „Meine lieben Schwestern, bemühen Sie sich stets, in allen Dingen den Willen Gottes zu tun. Vor jeder Handlung, vor allem, wenn Sie eine Entscheidung treffen müssen, prüfen Sie zuerst, ob sie dem lieben Gott gefällt ... Vergessen Sie nicht, dem lieben Gott zu danken, dass er Sie in seinen Dienst berufen hat.“[46]

Die Tür ihres Krankenzimmers, die zur Kapelle führte, bleibt während der Heiligen Messe immer offen. So kann Pauline andächtig alle Gebete mitverfolgen und der Heiligen Messe beiwohnen. Innig verehrt sie die Heilige Eucharistie. Und wenn sie spricht: „Der Papst leidet ... Herr, lass deine Kirche triumphieren! ...“[47], sind ihre Gedanken bei Pius IX., der erwägt, Rom zu verlassen. So bleiben die tiefe Liebe zum Allerheiligsten Sakrament und zur Heiligen Kirche ihre Herzensanliegen bis zum Lebensende.

Sterbend spricht sie noch zu den Umstehenden: „Tragen wir das Kreuz mit Liebe, mit Mut!“ In einem langen Todeskampf, gestärkt durch die heilige Kommunion, sind ihre letzten Worte: „Maria, meine Mutter, ich bin ganz dein!“. Am 9. Januar 1862 gegen sieben Uhr morgens ist ihr Leben vollendet, und sie geht heim zu Gott. Ihre geistlichen Töchter umschlingen ihre gefalteten Hände mit einem Rosenkranz und geben ihr ein kleines Kruzifix.

Am Samstag, dem 11. Januar 1862 findet in der Pfarrkirche Saint-Just das Requiem und anschließend das Begräbnis auf dem Friedhof Loyasse statt. Förderinnen des Lebendigen Rosenkranzes legen auf den Sarg einen Kranz mit weißen Rosen. In der Familiengruft auf dem Friedhof Loyasse findet sie neben ihren Eltern und Geschwistern ihre letzte Ruhestätte.

---

46 MASSON CATHERINE, Pauline Jaricot 1799 -1862, Die Biographie der „Mutter der Weltmission“, S. 514

47 MAURIN JULIA, Das Leben, Wirken und Leiden der gottseligen Pauline-Maria Jaricot, S. 312

Das Bett von Pauline Jaricot

PAULINE WIRKT AUCH NACH IHREM TOD

Die Geschehnisse unmittelbar nach dem Tod der Pauline lassen zwar keine große Hoffnung aufkommen. Niemand konnte auch nur vermuten, was Gott noch alles für das Werk vorbereitet hat. Zurückbleiben Maria Dubouis, Maria Melquiond und Sophie Germain, die noch drei Jahre in der Abgeschiedenheit von Lorette wohnen können. Die Liegenschaft Maison Lorette wird am 26. August 1865 vom Fourvière-Ausschuss für 138.000 Francs erworben. Zur gleichen Zeit werden sämtliche Habseligkeiten – Kleidungsstücke, Bücher, Mobiliar – an Trödler versteigert. Mit viel Mühe gehen die drei von früh bis abends in den Stadtteilen umher, wo die Trödler wohnen, um „ihre Schätze", die Bücher und Kleidungsstücke „ihrer Mutter" zurückzukaufen. Maria Melquiond stirbt bald nach Pauline. Maria Dubouis und Sophie Germain Lorette finden beide im Hinterhof eines alten Hauses eine Wohnung.

Den „Töchtern Mariens" bleibt das „edle Herz der Mutter", das Maria Dubouis durch den Arzt Talon einbalsamieren lässt. Kardinal-Erzbischof Joseph Alfred Foulon lässt es am 1. März 1889 in ein silbernes herzförmiges Gefäß einschließen und in die Kirche Saint-Polycarpe bringen.

Unbeschadet der Armseligkeit der „Töchter Mariens" wirkt aber Gott im Hintergrund weiter. Weit über den Tod Paulines hinaus entwickelt sich „Ihr" Werk. Schon 1879 gibt Julia Maurin anonym das Buch heraus „Das Leben, Wirken und Leiden der gottseligen Pauline-Maria Jaricot, Stifterin des Vereins zur Verbreitung des Glaubens und des Lebendigen Rosenkranzes". Niemand Geringerer als Papst Leo XIII. gratuliert in einem Breve zu diesem gelungenen Werk. Der Papst thematisiert dabei auch die Leiden, die Pauline hat über sich ergehen lassen müssen.

Das einbalsamierte Herz (links) und die Totenmaske von Pauline Jaricot (rechts)

Ermutigt durch den Zuspruch des Papstes publiziert Julia Maurin eine größere, fundierte Biographie der Seligen. Maria Dubois überreicht die Schriften der Seligen Pauline dem Dominikanerpater Marquet, der nach der Lektüre dieser Schreiben ausruft: „Seit der Heiligen Katharina von Siena kenne ich keine Frau, die eine dermaßen große Auswirkung für die Kirche hätte!". Pauline und ihr Einsatz für die Weltmission wurden nach ihrem Tod immer anerkannter, immer breiter thematisiert, immer lauter ...

1910 begann der Seligsprechungsprozess auf Diözesanebene. Es dauerte rund 20 Jahre, bis die Akten nach Vatikan übergeben wurden. Das Seligsprechungsverfahren wurde offiziell auf der Ebene der Weltkirche am 18. Juni 1930 eingeleitet. Der Prozess wurde zwar durch den Krieg unterbrochen, das Gedenken an Pauline blieb hingegen bestehen – sodass ihr Papst Johannes XXIII. am 25. Februar 1963 den Titel „Ehrwürdige Dienerin Gottes" verlieh und sie als „Venerabile" – verehrungswürdig anerkennte.

Pauline wurde auch in ihrer Heimat immer bekannter und die Anrufung ihrer Fürsprache immer beliebter. 1919 feierte man in St. Polykarp in Lyon das 100-jährige Jubiläum des Werkes der Glaubensverbreitung. Auffallend dabei ist, dass das Gründungsdatum nach dem Anfang der Wirkung der Pauline gewählt wurde und nicht nach dem tatsächlichen Beginn im Jahre 1822. Die Feierlichkeiten, die ganz Lyon überfluteten, waren auch ein deutliches Zeichen der Veränderung in der Sichtweise, wie man Pauline und ihr Werk betrachtete. Obwohl 1922 das 100-Jahre-Jubiläum nochmal gefeiert wurde, hatte es bei Weitem nicht die Dimension des ersten Jubiläums 1919.

Am 3. Mai 1922, anlässlich des 300. Jubiläums der Gründung der römischen „Propaganda fide" – einer Kongregation, die zur Verbreitung des Glaubens gegründet wurde – erließ Papst Pius XI. das Motu Proprio „Romanorum Pontificum". Darin wurde das Lyoner Werk der Glaubensverbreitung, das im gleichen Jahr sein 100-jähriges Bestehen feierte, der römischen Kongregation für die Evangelisierung der Völker unterstellt. Der Hauptsitz wurde von Lyon nach Rom verlegt und das Werk Paulines bekam den Rang eines päpstlichen Werkes. Mit diesem Schritt betonte der Papst sowohl die Bedeutung, als auch die Universalität der Vision Paulines. Ein derartiger Aufstieg eines letzten Endes doch privat gegründeten Werkes war bis dahin in der Geschichte einzigartig.

1923 gibt Papst Pius XI. das Motu Proprio „Romanorum Pontificum" heraus. Darin betont er noch einmal sein Verlangen, dass das Werk „Päpstliches Organ zur Spendensammlung für die Mission" wird.

Im Februar 1935 werden die Gebeine der Pauline Marie Jaricot von der Familiengruft auf dem Friedhof Loyasse in eine Seitenkapelle der Kirche Saint-Nizier übertragen. Damit findet sie in ihre eigentliche Heimat – die Kirche, wo sie gebetet, angefleht und geweint hat, zurück.

Ein nächstes Ereignis, das die Wichtigkeit Paulines betont, ist der Erste Internationale Missionskongress, der anlässlich ihres 100. Todestages in Lyon ausgerufen wird. 1963 treffen sich Experten aus der ganzen Welt in der Heimatstadt der „Mutter der Weltmission" um Ideen zu sammeln und das Werk zu entwickeln. Der zweite Missionskongress wurde 1972 ausgerufen, anlässlich des 150. Jubiläums der offiziellen Entstehung des Werkes. Auch hier wurde aber die Wichtigkeit Paulines betont: Paul VI. schrieb über sie, dass sie „eine wahre Tochter der Kirche war, die so kompromisslos der Sache der Mission ergeben war und sich gleichzeitig um die Probleme der sie umgebenden Arbeiterwelt mit großer Sorge gekümmert hat". Der Papst schrieb weiter: „Sie musste mehr als alle anderen auf viele Hindernisse treffen, sie akzeptieren und mit viel Liebe überwinden, sie musste Verlassenheit und Einsamkeit erfahren, die ihrem Werk das Zeichen des Kreuzes und die wahre Fruchtbarkeit verliehen haben".

Papst Pius XI. (Papst von 1922 – 1939)

Die Grabesplatte Paulines in ihrer „Lieblingskirche“ St. Nizier in Lyon.

Die Seitenkapelle mit der Madonna (rechts im 2. Bild) war der Rückzugsort Paulines.

Zum Schluss heißt es: „Pauline Jaricot in ihrem konkreten Engagement nachzufolgen – dazu lade ich die ganze Kirche ein!".

Die Kirche hat die Treue und den Einsatz der Seligen Pauline Jaricot nicht vergessen. Ihr Werk wächst und wächst. Natürlich stellt sich hier die Frage, warum es überhaupt wichtig ist, dass das Hilfswerk einer jungen Französin Päpstlich genannt wird. Es ist deshalb bedeutsam, weil damit zum Ausdruck kommt, dass die Kirche sich nicht nur auf die Ortskirche begrenzt. Die vier Werke, die der Papst als „Seine Werke" unter sein Patronat genommen hat, entstanden in einer konkreten historischen Situation, unter konkreten Umständen. Es ist deshalb ein Akt der Anerkennung und der Liebe, dass diese kleinen „Privatinitiativen" seit 100 Jahren nun zum Werk der Gesamtkirche wurden. Damit wird ausgesagt, dass das große und immerwährende Ziel der Weltmission nur erreicht werden kann, indem jede Ortskirche ihren Teil auf die bestmögliche Weise tut. Es geht dabei nicht mehr um eine private Hilfe für ein konkretes Projekt, für eine konkrete Gemeinschaft, eine konkrete Not. Pauline Jaricot schritt gleich zur nächsten Etappe. Sie wollte allen helfen. Dieses Ziel verfolgt die Kirche mit der größtmöglichen Deutlichkeit: Indem sich der Papst selbst hinter die Idee einer jungen Französin stellt. Die Idee der Pauline Jaricot wurde dadurch zur Idee der ganzen Kirche und jeder Lokalkirche zugleich.

Heute wirkt Missio in 130 Ländern. D e Leitung und die Nationaldirektoren trafen sich zu einem Kongress vor der Seligsprechung Paulines.

Heute wirken die Päpstliche Missionswerke in 130 Ländern auf der ganzen Welt. Das Generalsekretariat ist der Kongregation für die Evangelisierung der Völker angeschlossen. In Österreich gibt es sie schon 100 Jahre. 1923 hat der damalige Wiener Kardinal Friedrich Gustav Piffl den Wunsch des Papstes umgesetzt und die Päpstlichen Missionswerke in Österreich begründet. Zum ersten Nationaldirektor wurde damals Monsignore Josef Wolny, der zuvor eine österreichische Missionsbewegung leitete, die nun den Päpstlichen Missionswerken angeschlossen wurde. Seitdem wirken die Päpstlichen Missionswerke ununterbrochen an der Bewusstseinsbildung für die Mission insgesamt, sowie an vielen konkreten Projekten in den Ländern des Globalen Südens.

Missio Österreich hat fünf Aufgaben:

Wir stärken die wachsende Weltkirche
Wir retten die Ärmsten vor Ort.
Wir helfen Kindern in die Zukunft.
Wir sorgen für die Priester von morgen.
Wir wirken selbst missionarisch.

In allen fünf Aufgaben ist die Spiritualität der Seligen Pauline Jaricot nicht zu übersehen. Ihr Geist lebt und erneuert sich tagtäglich in vielen Bereichen, in denen Missio tätig ist.

Im Jubiläumsjahr 2012 griffen die Päpstlichen Missionswerke in Österreich anlässlich des 150. Todestages von Pauline die Idee des Lebendigen Rosenkranzes wieder auf. Nach Jahren des Bestehens wurde auf diese Weise die Wichtigkeit des Gebetes, wie sie immer Pauline immer betonte, wieder präsent. Damals wurde die Gebetsaktion „Eine Rose für die Welt“ ins Leben gerufen. Die Idee: Möglichst viele Menschen sammeln, die täglich ein Gesätzchen Rosenkranz für die Weltmission beten.

2017 begann Missio Österreich mit der Gebetsbewegung „Gott kann“. Die Idee dahinter ist gleich und geht auf Pauline Jaricot zurück: Wer teilnimmt, betet täglich ein Gesätzchen vom Rosenkranz für einen konkreten Jugendlichen oder für die Mission auf einem bestimmten Kontinent. Als „Gott kann“-Apostel werben sie mindestens zehn weitere Mitglieder für die Bewegung.[48] Möglich ist auch ein Einstieg als Gruppe.

Die Gebetsbewegung ist sehr fruchtbar. Missio erreichen viele Gebetserhörungen, die auf das Gebet dieser Gebetsgemeinschaft zurückgehen. Aber nicht nur das: Pauline wirkt auch große Wunder – so große, dass Papst Franziskus am 26. Mai 2020 die Veröffentlichung des Dekretes zur Anerkennung des auf die Fürsprache von Pauline gewirkten Wunders genehmigte. Damit stand ihrer Seligsprechung nichts mehr im Wege.

Der Lebendige Rosenkranz lebt in Österreich weiter als die Gebetsbewegung „Gott kann“

48 Informationen bei Missio Österreich, Seilerstätte 12/1, 1010 Wien, Telefon: (00 43) 1 513 77 22, E-mail: info@Gott-kann.at; oder über die Homepage: www.Gott-kann.at

Auf Grundlage des Urteils einer Ärztekommission hat der Papst den „ unerklärlichen Charakter“ der Heilung eines dreijährigen Mädchens auf Fürsprache von Pauline Marie Jaricot anerkannt. Im Jahr 2012 verlor Mayline aus Lyon das Bewusstsein, nachdem ein Stück Nahrung in ihrem Hals steckengeblieben war. Das Mädchen drohte zu ersticken und wurde erst nach einem 20-minütigen Stillstand des Herz-Kreislaufssystems im Spital reanimiert. Anschließend verfiel sie in ein Koma und die Ärzte gaben ihr kaum noch Überlebenschancen. Daher brachen sie die Behandlung mit Ausnahme der künstlichen Ernährung ab. Die Verantwortliche der Gebetsgemeinschaft „Lebendiger Rosenkranz“ in Lyon organisierte damals, im 150. Todesjahr von Pauline, eine Gebetsnovene und erbat die Fürsprache der Ehrwürdigen Pauline Jaricot. Kurz danach wachte das Mädchen auf. Entgegen den Prognosen der Ärzte, die zumindest mit schwersten bleibenden Hirnschäden gerechnet hatten, ist das Mädchen vollständig genesen. Mayline ist heute ein gesundes fröhliches Kind. Sie trug bei der Seligsprechung am 22. Mai 2022 das Kreuz vor den Altar, das der heilige Pfarrer von Ars Pauline einst geschenkt hatte.

Pater Karl Wallner, der Nationaldirektor von Missio Österreich mit der vor Pauline geheilten Mayline Tran

DIE SELIGSPRECHUNG VON PAULINE MARIE JARICOT IN LYON AM 22. MAI 2022

Am 22. Mai 2022 fand die Seligsprechung von Pauline Marie Jaricot durch Kardinal Luis Antonio Tagle in Lyon in Anwesenheit von 130 Nationaldirektoren aus aller Welt statt.

PAULINE MARIE JARICOT – ZEITTAFEL

1799	Pauline geboren am 22. Juli 1799
	Eltern: Antoine und Jeanne Jaricot
	Geschwister: Paul, Jean, Sophie, Marie-Laurance,
	Narcisse, Philéas
1812	Erstkommunion und Firmung am 16. April 1812
1814	schwerer Unfall
1814	Tod der Mutter am 26. Nov. 1814
1816	Bekehrung. Privatgelübde der Jungfräulichkeit in der Weihnachtsnacht 1816 abgelegt
1819	Verein für die Glaubensverbreitung ins Leben gerufen
1822	3. Mai 1822 offizielle Gründung des Werkes der Glaubensverbreitung in Lyon
1826	Gründung des Lebendigen Rosenkranzes
1826	Abbé Würtz stirbt am 1. Oktober 1826 in Collonges
1830	Philéas stirbt, 26. Februar 1830
1832	Es ensteht Maison de Lorette – das neue Daheim
	für die „Gesellschaft Mariä“
1830, 1831, 1834	blutige Unruhen in Lyon
1835	Erste Reise nach Rom
	In Mugnano Heilung durch die heilige Philomena

1839	Zweite Reise nach Italien
1842	Kindheit-Jesu-Verein gegründet
1845	Kauf von Liegenschaften in Rustrel
	Betrügern in die Hände gefallen,
	gesamtes Vermögen verloren
1848 – 1850	als „Bettlerin“ Gottes in ganz Frankreich unterwegs Julia Maurin sammelt Spenden in Österreich, Deutschland und England
1852	Philomena-Steig eröffnet
1853	Eintrag ins Armenregister
1856	Dritte Romreise
1862	am 9. Januar 1862 stirbt Pauline Jaricot

LISTE DER PÄPSTE

1800 – 1823	Papst Pius VII.
1823 – 1829	Papst Leo XII.
1829 – 1830	Papst Pius VIII.
1831 – 1846	Papst Gregor XVI.
1846 – 1878	Papst Pius IX

LITERATURVERZEICHNIS

AURELIUS AUGUSTINUS, Confessiones. Bekenntnisse, hrsg. von Frank OBORSKI, Stuttgart 2011.

BACHMANN Luise George, Das reiche Fräulein Jaricot, Mödling bei Wien, 1958.

BRASCHI Giovanni, Philomena. Die Heilige aus den Katakomben, Durach 1991.

DREYFUS Paul, Infirmier par amour. Paul des Magallon (1784–1859). Restaurateur de l´ordre hospitalier de Saint-Jean-de-Dieu. Centurion. Paris 1993.

GOLDMANN Otto, Eine gewisse Jaricot, Limburg 1963.

JEDIN Hubert (Hrsg.), Handbuch der Kirchengeschichte, Band VI. Die Kirche in der Gegenwart, Freiburg 1971.

HÜNERMANN Wilhelm, Der Heilige und sein Dämon. Das Leben des armen Pfarrers von Ars, Heidelberg 1952.

JARICOT Pauline, Historie de ma vie, Autobiograhie spirituelle, Mame, Paris 2009.

JARICOT Pauline, Écrits de jeunesse, Père éternel, je vous offre ..., Lethielleux, Paris 2010.

JARICOT Pauline, L'Amour Infini Dans La Divine Eucharistie: Ou Le Coeur de Jésus-Christ, Salut de l'Église de la Société, Paris 2018.

JARICOT Pauline, Lettres de Pauline Jaricot à la Mère Saint Laurent, Hg. Guibert, Paris 2007.

LEO XII., Enzyklika Quod hoc ineunte vom 24. Mai 1824.

MASSON Catherine; Pauline Jaricot 1799 -1862, Die Biographie der „Mutter der Weltmission“, Heiligenkreuz 2022.

NAÏDENOFF Georges, Pauline Jaricot. J’étais si vivante de ma propre vie, Paris 1986.

RICHOME Agnès, Pauline Jaricot, Paris 1969.

SCHWESTER ANGELICA VOM ARMEN KINDE JESU, Pauline Maria Jaricot, Aachen 1918.

TARONI Massimiliano, Pauline Jaricot. Founder of the Propagation of the Faith, Bergamo 2016.

THÈRÉSE VON LISIEUX, Selbstbiographische Schriften, Einsiedeln13 1996.

WINDEATT Mary Fabians: Pauline Jaricot, Foundress of the Living Rosary and the society for the Propagation of the Faith, St. Meinrad/ Indiana 1952.